U0458100

DEPRESSION
LOOKING UP FROM THE
STUBBORN DARKNESS

走出死荫幽谷

忧郁症重生之歌

爱德华·韦尔契（EDWARD T. WELCH）/ 著
关绣雯 / 译

上海三联书店

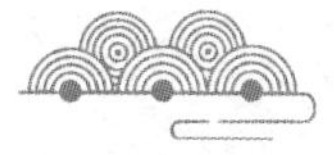

谨将本书献给亲爱的

尽管人生路途坎坷崎岖，
但在上帝的奇异恩光中，
他必牵引你走出死荫幽谷，
一起唱出属于你的重生之歌！

你的挚友

献　给

敬爱的家父

老爱德华·韦尔契(1920－2006)

他让我看到抑郁与爱

可以共存于一人之身

目 录 CONTENTS

致谢

如果本书能够正确描述忧郁症的经验，那是因为即使我有时驽钝，拙于理解，仍有许多人乐于分享他们的故事。首先是来到基督教辅导教育基金会（the Christian Counseling and Educational Foundation，简称 CCEF）寻求辅导的那些朋友；其次是我在威斯敏斯特神学院和基督教辅导教育基金会的学生。谢谢大家的慷慨分享！

我之所以能顺利完成写作，特别感谢基督教辅导教育基金会的休假政策，当然，还有基金会的全体董事、教职员工及奉献赞助者。感谢教职员工替我担负起我所留下的工作，让我从休假回来后仍能顺利复职。谢谢苏·拉兹（Sue Lutz）女士再次提供她睿智的编辑建议，如同她为我所出版的多数书籍所做的，她绝不能比我早退休。

我的妻女对我整日与文稿为伍，早已习以为常，处之泰然。但是我绝对不会把她们对我的爱与体谅，以及对我的鼓励，视为理所当然。

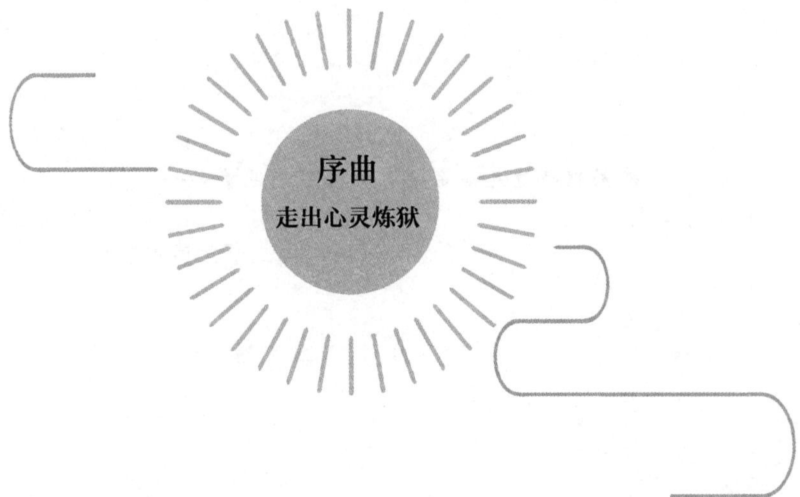

序曲

走出心灵炼狱

“我虽然行过死荫的幽谷，也不怕遭害……”

（《诗篇》二十三篇 4 节）

第1章 前方的路

在人生旅途中，

我发现自己身处幽暗丛林，

因为我已失去正确的路径。

~但丁（Dante）~

亲爱的朋友，当你深陷忧郁之苦时，恐怕整日举步维艰，更遑论长途旅行。

当所有可用的气力全花在使自己存活下来，你还有什么办法去奢求在每天的日子里，再增添其他事物——比如：盼望？

面对忧郁症时，“该如何做”似乎成了根本无法作答的问题。有关忧郁症数不清的议题，再加上给忧郁症患者的许多实用建议，还真有可能满满地写成几大本书，然而，这些书却不可能让你感受到生命气息。

你真正需要的，是比实用建议更深层的探讨，而不是一长串行动指南。 其实，你自己大概就能写出一些颇具价值的革新方针。你早已知道许多**有足够能力**可以遵行的事，或许也执行过其中几项。

“忧郁”一词，以及其中蕴涵的诸多情感与思绪，亟需一个解释。 首先，为什么忧郁症会发生在我身上？ 还有，为什么要爱？为什么要工作？ 为什么要敬拜独一真神？ 为什么要信靠耶稣？为什么要活着？ 为什么会有烦恼？ 忧伤的心灵对圣经《传道书》开头“虚空的虚空，凡事都是虚空”的共鸣，远远胜过对“战胜忧郁症的 101 个步骤”的兴趣。 一长串的实际做法并不能触及人生目的和盼望，以及存在与信仰等基本课题。 然而，这些又都是忧郁症患者无法回避的课题。 难怪正当精神医疗界宣布百忧解（Prozac）是抗忧郁症的解药时，哲学家在帮助忧郁症患者一事上，仍可找到一席之地，也就不足为奇。

所以，放眼前路，让我们在为什么与如何做之间，寻找并行之道。 当我们发出“为什么”这类属于信仰范围的问题时，正如其他“为什么”的课题一样，所着重探讨的问题是独一真神—— 上帝。忧郁症也不例外—— 它把我们带回生命最根本的议题。 忽略这些根本问题，转而注重“如何做”，或许可以找到暂时的快捷方式，精神上稍有纾缓，但你的心灵却仍然饥渴。

基本概念

忧郁症是一场苦难，无法被简单归纳为单一原因。 这表示，亲朋好友无法迅速提供这一答案，相反的，家人和朋友必须愿意不去骤下定论，而是花些时间来认识这位为忧郁症所苦的人，与他或她一起寻求解答。 我们目前已经明白的是，忧郁症令人很痛苦，未曾亲身经历过的人很难理解。 如同许多其他形式的苦难，忧郁症的切身之痛，令人感到孤立无助。

我们还知道，那些遭受忧郁症打击的人，其实和我们一样，有许多人性的共通点。 你在他们身上可以找到大家共有的挣扎与老毛病。 千万别被技术性的科学诊断所蒙蔽，从而对这些常见的问题视而不见。 相反的，在问题的表象之下往往能发觉：寻常的人性课题正以恐惧、愤怒、罪恶感、羞愧、嫉妒、渴望、失落后的绝望、肉体的软弱等人人都可能遭遇的形式呈现。 虽然忧郁症不一定是由这些因素所引起的，但我们一定要把这些因素列入考虑范畴。

有所谓“正确”的情绪吗?

对于那些灵命成熟的人来说，认为自己做错了什么事而感到沮丧是很常见的。 毕竟，圣经中有许多关于喜乐和快乐的话语。 当人缺乏喜乐时，就会感到若有所失，或是认为上帝正在惩罚自己，直到他们学会一些未知的功课为止。

然而，生活在这个世界上，上帝并没有替我们开出快乐人生的处方。看看《诗篇》就好，《诗篇》是大有信心的人物所写，然而其间所描述的各种心情，真是极为丰富。有一篇甚至以“黑暗成了我的知己”（《诗篇》八十八篇18节，新译本）来作为结语。当你情绪压抑或总是低落，当你无法再次经历你曾经经历过的高潮和低谷，此时，重要的课题不是：“如何可以想出我做错了什么？”而是：“当我忧郁沮丧时，我该向何处求援——或者说，你该向谁求援？”有些人转向他们的床榻并孤立自己，有些人转向他人；有些人转离上帝，有些人转向上帝。

前方的路

如果你正饱受忧郁之苦，接下来的章节会尽量简洁扼要地给予你帮助，甚至激发你的思考。如果你想帮助某位忧郁沮丧的朋友，这些章节正可以提供你一些方向，你不妨以此作为和朋友分享的阅读材料。我希望本书能鼓励患有忧郁症的朋友，和深爱他们的亲友成为伙伴；苦难不该是一条孤单的旅程。这趟人生旅途中会有许多时候让我们想要放弃，会有许多层面我们无法独自看清楚。所以，如果你有忧郁症，请找个智慧的朋友一起阅读本书。如果你有心助人，赶快邀请患有忧郁症的朋友和你共读本书，或是选择特定的章节一起阅读。

天路历程

在后续篇幅中，你将会遭遇几种情境，不论是黑暗或光明，行尸走肉或生气蓬勃，缴械投降或奋力一战，最不可否认的是，你将踏上一段耀眼的天路历程。无论我们是否自觉，每个人都行走在一条不断面对选择的道路上。我们每天都站在十字路口，每天都要做出影响深远的决定。

如果你有忧郁症，迈步向前对你而言或许不是一个令人愉快的想法，不过，至少你有好的旅伴，这应该会给你一点安慰。自从亚伯拉罕开始，上帝就呼召他的儿女离开熟悉的环境，向新的方向出发，把过往抛在脑后，勇敢面对未知，纵使陷入绝境也不退缩，反倒要向上帝呼求，仰望更美好的未来。

奥利金（Origen），一位圣徒，曾向上帝发出这样的颂赞：

> "在我寄居的住所里，你的律例成了我的诗歌。"
>
> （《诗篇》一百一十九篇54节，新译本）

> 我们要尽力去了解何谓灵魂的寄居之所，特别是当这个灵魂久遭禁锢，因过度哀伤而悲吟、沉痛之际。在世寄居的日子里，我们只能隐隐约约理解何谓客旅，然而有朝一日，当这灵魂归回安息，也就是回到天家的乐园时，他就能

真实领受，也会更真确了解，在世客旅的意义所在。[1]

奥利金所言甚是。在天堂的这一边，我们凭信心行事，却没有我们想要的所有答案。但是我们有理由相信，即使是在天堂的这一边，你也会发现，我们的某些盼望已然实现。

第2章 忧郁这感觉……

谈到忧郁这感觉，人们常与“地狱”一词相提并论。“地狱骤然到访……如果世上真有炼狱，它就在一颗忧伤的心灵中。”十七世纪的罗伯特 · 波顿（Robert Burton）如此说。诗人罗伯特 · 洛威尔（Robert Lowell）则写下:“我即地狱。”有一名母亲曾经如此描述罹患忧郁症的孩子:“丹尼坠落地狱……他被囚禁在心灵牢房……孤单隐密的炼狱。”十架约翰（John of Cross）这样形容:“那真是灵魂的暗夜。”约翰 · 菲利普（J. B. Phillips）如此回忆:“有如受尽严刑拷打。”专门刻画描写阴暗世界的畅销小说，也是《苏菲的选择》(*Sophie's Choice*）一书作者的威廉 · 史泰龙（William Styron）则称之为“地狱的深渊”。[1] 如同但丁的理解，地狱和那种因长期忧郁而产生的绝望，两者密不可分。但丁所描写的地狱入口处明文写着:“凡入此门者，皆须放弃一切盼望。”

忧郁的话语带有诗意，散文无法掌握忧郁的经历，唯有借着诗句与沉默来传达。甚至当他们感觉内心空虚、缺乏个人色彩时，忧郁之人仍然能言善辩。

> 医生走进我的房里，他说："我要问你一个问题，如果你觉得无法作答，请不必回答。"他接着问我："你是谁？"
>
> 我感到一阵惊慌，"什么意思？"
>
> "当你检视自己的内心，你看到谁？"
>
> 这个问题太可怕了，我检视内心，看不见半个人，我所能看到的，只有一个黑洞。
>
> 我回答："我谁都不是。"

有忧郁症的人，自我形象隐晦不明，有待觉醒。他们孤单绝望，注定受苦，如置身于黑洞、深井之中，身处虚无之间。"我觉得自己行经一片枯萎的花田，看见一朵美丽的玫瑰，但当我弯下身来闻取花香，却坠入无底深渊。""我听见自己无声的呐喊不断回荡，刺透我的灵魂。""我最痛恨的事就是无话可说。"[2]"我的心灵空虚，心中涌流的渴望之泉，已经干涸。"[3]"不断地想着要遗忘，这对我来说是完全自然的。""我觉得自己好像在几个星期前就已经死去，只是我的身体对此尚未发现而已。"[4]

> 忧郁……带来完全的空虚：情感空洞、感觉消失、毫无

> 反应、了无生趣。在重度的临床忧郁症罹病过程中，你所感受到的痛苦是出于一种本能的企图……想去填满那块空掉的地方。然而说到企图与目的，重度忧郁症患者只不过像是一具清醒的行尸走肉。[5]

精神上的痛苦似乎令人无法忍受，时光停滞。“我活不下去了”，一名十二岁的女孩这样说。司布真（Spurgen）回忆起一幕过去经常发生的场景：“我可以像个幼儿般哭上个把钟头，却不知道自己为何哭泣”[6]；“脑中充满狂乱的嘶吼”[7]；“毁灭性的悲伤”[8]；“因终日唉哼而骨头枯干”[9]；“痛苦像尘埃，穿透了每件事物”，“我现在就像一个身处绝境之人，被拒绝，被弃绝，被关在铁笼内，无法脱逃”[10]；“那铁闩……离奇地锁住希望之门，将我们的灵魂监禁在幽暗的牢房中”[11]。

> 重度忧郁症是一种日以继夜、夜以继日、几乎永无休止的折磨。它是一种毫无怜悯、毫不留情的痛楚。它使人没有指望，生存于残酷与无趣之中，无法从盘踞无眠绝望之夜的冷酷思潮中，获得一丝喘息。[12]

然而，不只是痛苦，那还是一种让人感到毫无意义的痛苦。“我对人生只有一种渴望：让这种痛苦变得有目的。”[13] 如果痛苦能带来新生，那还可以忍受，但如果痛苦只带来漆黑的虚无，那这种痛苦就带有毁灭的威胁。

亚伯拉罕·林肯（Abraham Lincoln）以为这种痛苦会导致死亡，肉体无法承载这种痛苦。

> 我是活着的人当中最不幸的一个，如果把我所感受到的痛苦均分给全人类，那么这个世界将见不到一张喜悦的面容。我有没有好转的可能，我不敢说；可怕的预感告诉我，我好不了了。但我无法停留在原地，对我而言，若不能死去，那一定得好起来。[14]

让许多人备受折磨的是，他们无法就此死去。“精疲力尽却无法入眠是不寻常的折磨”；“痛苦渗透了每件事情”。自己可能停滞在这个恐怖境地，这种念头真让人无法承受，“没有人知道我多想寻死”。但死亡有死亡的恐惧，死亡像是一个幻灭点，在那里，一切都不存在了。那死后的未知又如何？死后就是全然消失吗？最后的审判会毁灭一切吗？在最恐慌的时刻，你完全无依无靠。

“我的大脑失控——任凭思绪蹂躏，残酷无情的想法、不留余地的念头、无法理解的情绪”，钻不出牛角尖。**忧郁**盘踞时，你如何能够思考任何其他的事情？“我被困在囚服中”，“全身被捆绑——口不能言”，缺乏正常的思考力，世界变得可怕而令人生畏。如果置之不理，幻觉与幻想就会掌控一个人的想象，以致与真实世界无法区隔，使人无法自己打理生活，生存之道是必须像婴儿一样依赖他人。一个人独处也令人害怕，害怕自己被遗弃。“每个人、每件事都让我担惊受怕”。

> 我想入睡却无法成眠，部分原因是我害怕睡醒时那种内心的惊恐。焦虑无时不在，持续恶化，我想走出家门，却很怕自己孤单一人。无论怎么努力就是无法集中注意力，能专心想的始终只有：“我是不是疯了？我到底做错了什么，要遭受这种折磨？这是一种怎样的惩罚？”

一般人会认为，如果周遭环境好转，心情也会跟着好转，但忧郁症患者的逻辑大不相同。一旦罹患忧郁症，不论是爱人的拥抱、好友的死亡，或是看见邻居家的草坪生趣盎然，这些讯息在他那里的回应都没有什么分别。

做选择？根本不可能，脑筋打结了，怎么做选择呢？万事俱废，头脑根本没有启动。况且，大部分的选择不都是取决于个人的好恶吗？如果你根本不**具备**好恶的感受，又该如何解读外在的事物呢？

对事情的把握呢？你唯一有把握的是，悲惨的命运将持续下去。即使你曾拥有美好事物的确据——其实你已不再记得——也都被不断滋生的怀疑所取代。你怀疑是否还有人爱你；你怀疑配偶的意图；你怀疑配偶的忠诚；如果你是基督徒，你还可能怀疑耶稣基督是否还与你同在；你甚至怀疑信仰的根基。“求神怜悯对自己确信之事产生怀疑的人。”[15]

你唯一明白的是，自己是有罪之人，充满羞愧、毫无价值。但是，这并非因为你在生活中犯了什么罪或错，而是因为你**本身就是**一项错误，你**就是**罪恶，**就是**废人。“就这点而言，忧郁症也像是某种形式的自我惩罚，是在下意识或不自觉的状态下施行的。”[16]既然上帝都已转身离去，在这种景况下，为何还要继续前行？不如和上帝一样，也转身弃自己而去吧。

如果一定要区分，你可能会说，自己忧郁的情况时好时坏，但是谁能够衡量不同程度的地狱煎熬呢？让我们这么说吧，忧郁症也有规律与周期。晚上十一点就寝，午夜两点起床，努力熬过早晨时光，你被愤怒、恐惧以及痛苦的折磨所俘虏。到了下午时分，慢慢沉淀为惯常的深沉悲哀与无能为力，随之而来的则是慢慢流泻而出的恐惧、痛楚、罪恶感、惊慌失措、死气沉沉和气力耗尽，直到黄昏。有时候身体可能觉得极为不适。的确，肉体无法过久地承受这种痛楚的击打，所以在身体最糟糕的景况中，你竟有了片刻心灵的解脱。

有些人的情绪起伏比较少有，没有无底深渊与脑中嘶喊，日子只是无趣乏味、灰暗、冷漠。你只是一具行尸走肉，死气沉沉、令人厌倦。为什么要工作？为什么要起床？为什么要做事情？为什么要自杀？所有事情在你眼前都显得无关紧要。你甚至担心，即使你的孩子死了，你**仍然**会无动于衷。

奇怪的是，在这种意兴阑珊、冷漠麻木的景况下，痛苦还是能够将你穿透，特别是当你想起自己曾经活过的时候，痛苦就会来临。那是另一个人吗？还是上辈子？不是的，那个人明明就是你。你记得过去的自己，真心渴望两性关系；书架上有本曾经让你废寝忘食、爱不释手的书；音响旁还放着某张曾让你随之起舞的专辑。然而你却试着淡忘那些时光，因为现时与过往的对照，让你几乎无法忍受，宁可无知无觉更好。

你好像一直生病。在过去的年代，或在比较不注重心理健康的地区，大家完全用生理名词来描述忧郁症。例如，在中国，他们称忧郁症为**神经衰弱**，说这是一种生理问题，主要症状为晕眩、疲劳或头痛。你的身体总是觉得不对劲，总是很累，经常去看医生，而不是去咨询牧师或辅导员。

二十世纪早期，一名商人将自己身体的下述症状告诉医生：

> 我不止身体累，脑子也一片混沌。我觉得好像有个虎头钳一直紧箍着头。我的脑袋空空，无法运作，想法混乱，无法集中注意力，记忆力衰退。我想读书，可是读到页底，就记不起这页的开头……至于意愿，我已欲振乏力，我不再知道自

己想要做什么，应该做什么。我怀疑、迟疑、不敢做决定。还有，胃口奇差无比，睡眠质量很糟，完全失去性欲。[17]

想不透的是，**这些症状怎么可能都导因于我的大脑?**

你一直期盼有一天医生会告诉你说，他搞错了。

“告诉你一个好消息，其实不是你的精神状态出了问题，而是我误诊了，我很抱歉。 但坏消息是，再过十天，癌症就会要了你的命。”

你深信，没有你，大家都会过得更好。

自杀的念头总是近在咫尺，这不足为奇。

开启重生之路

以上这些描述，听起来真让人不抱希望，但我们从中发现，许多人都有过类似的经验，而光是这点，就足以激励人心——其实，你并不孤单。

还有，文中许多省思片段，都是从充满盼望与改变的精彩见证中节选出来的。他们所叙述的都已成为**过去**，许多人**现在**甚至活得很有精神，思路清晰，且能写出感动人心又大有帮助的作品。

那么，你会选择用什么话来表达忧郁？你会如何形容自己这段笔墨难以描述的经历呢？

第3章 为什么会得忧郁症？

知道你并不孤单，知道别人也经历过相同处境，这对你或许有所鼓舞，而此时，明白忧郁症的成因与治疗之道，则更有帮助。很可能，你对自己忧郁症的原因早有臆测。

我有个建议：不要太快给自己一个解释。诚然，忧郁症亟需找出一个解答，但可能的解释有很多。想想各样的**忧郁症患者**，而不是忧郁症吧。即使存在一种相同的经验，那也不表示存在一个相同的成因。你可以去认同诸多的忧郁症描述，但你被忧郁症所困扰的形式，或者说被它“突袭”的那一刻，是独一无二的。让我们试着有点耐心，在你把你所经验的事情说成一个故事之前，稍作停留。

杰基四十五岁了，她生命的大部分时间都在与忧郁症搏斗。她认同以下说法：忧郁症的经验可以共通，但成因各有不同。当她和另一个忧郁症患者交谈时，他们说着相同的语言，并用相同的词汇描述他们的经历，但他们有着不同的故事。她会说她经历了不同的忧郁症。举个例子来说，有一种忧郁症会周期性地波动，似乎任何事都无法改变这个规律；另一种则会被原生家庭的张力所激动，生出自我定罪和无望感。

忧郁症有其神秘性与复杂性。与其对未来的诸多工作感到厌倦，不如加入杰基这样的人的行列，成为这种经历的学生。

忧郁症的类型

你一直寻找一种表达忧郁症的语言，把你的经验形成演讲很重要。带着这个提醒，再加一些词句，那些至今你从有过忧郁症经历的人身上读到的词句。而在我看来，接下来的词句就不那么引人入胜了。它们是有关忧郁症的学术性描述，但它们仍然值得一读。

不要把忧郁症想成“我有忧郁症”或者“我没有忧郁症”，而是要把它想成一个严重程度的连续体。忧郁症有不同程度的区别，情况严重的对人造成困扰，轻微的则令人虚弱疲倦。比较轻微的忧郁症在专业上称为低落性情感疾患（Dysthymic Disorder），较为严重的则称为重郁症（Major Depression）。用更通俗的语言来说，比较轻微的称为情境性忧郁症（situational depression），比较严重的则是临床忧郁症（clinical depression）（请见下表）。

忧郁症程度区别

轻微	严重
情境性忧郁症	临床忧郁症
低落性情感疾患	重郁症
烦躁	无望感

负责制定忧郁症专有名词的是美国精神医学学会（American Psychiatric Association，简称 APA），他们出版的《精神疾患诊断及统计手册》（*Diagnostic and Statistical Manual of Mental Disorders*），现已发行第四版（DSM-Ⅳ）。一般认为，在诊断手册中所称的“重郁发作”（major depressive episode），是忧郁症（Depressive Disorder）与双极性疾患（Bipolar Disorder，或称“躁郁症”）的组成要素。手册中是这样写的：

> 于两周内曾出现下列症状中至少五项，显示与先前生活功能有所改变；且出现下列症状之一：(1)情绪低落，或(2)缺乏兴趣，了无生趣。
>
> 1. 依主观报告(例如：感觉悲伤、空虚)或他人观察(例如：常掉眼泪)得知，几乎每日全天情绪低落。
> 2. 几乎每日多数时间，对所有活动或多数活动不感兴趣或乐趣骤减。

3. 饮食不变的情况下，体重明显下降或增加（一个月内体重改变超过原体重的百分之五），几乎每日食欲锐减或大增。

4. 几乎每日失眠，或睡眠过多。

5. 几乎每日精神焦躁，或迟滞（旁人可观察到……）。

6. 几乎每日疲惫，失去活力。

7. 几乎每日感觉自己毫无价值，有过度或不恰当的罪恶感。

8. 几乎每日思考能力或注意力减退，或缺少决断能力。

9. 反复想到死亡，在无特定自杀计划、无自杀企图、未尝试自杀的情形下，反复出现自杀念头……而这些症状并非导因于药物的直接生理效应（例如：滥用药物或服用处方药物），亦非一般病情（例如：甲状腺机能减退）。[1]

低落性情感疾患属于忧郁症的形态之一，历时较久——至少两年以上——但症状不如重郁症严重。比起重郁症发作时那一长串的病征表，低落性情感疾患少了较为严重的几项条件。

在下列症状中，呈现至少两项以上：

1. 胃口差或超量进食。

2. 失眠或睡眠过多。

3. 缺乏活力或疲劳。

4. 自尊心低落。

5. 注意力差或犹豫不决。

6. 无望感。[2]

此外，我们还可以加上焦虑、罪恶感、愤怒、不被爱等负面感受，这样一来，你就能够明白，为什么忧郁症广受瞩目，涵盖众多患者。

过去十年来，忧郁症有个越来越普及的名称，叫作躁郁症。当忧郁症患者被称为躁郁症时，代表这些患者可能会经历一段情绪起伏、极不寻常的时期，这意味着忧郁症有它的周期，它似乎来了又去，随心所欲。

忧郁症的类型及其成因

在这些描述的字里行间，是关于忧郁症成因的各式各样的理论。 当我们讨论较轻微的忧郁症时，许多人会认为其成因是人际关系困难、境遇不佳和负面思考。 当我们跳到程度较严重的那一端，目前流行的理论则是推论，原因在于其身体中化学物质失衡。

暂且不要骤下定论，相反的，让我们试着保持未知论的立场。现在离下结论的时候还早，无人可以笃定地诊断是化学物质失衡所致。 即使有测试的方法（目前尚无），测试结果也无法告诉我们，究竟是化学物质失衡导致忧郁症，还是忧郁症引发了化学物质失衡。

想要立即寻求医学上的解释，存在一个问题，即一旦做出这个决定，那么其他观点就显得肤浅而又无关紧要了。 例如，如果断定一颗药丸就能提供解脱之道，那何必还要找麻烦，思考个人痛苦所带来的人生课题呢？ 如果忧郁症患者认定他们的问题在本质上是生理性的，那么建议他们检验自己的人际关系，或是省察对上帝的信仰，就像是给秃头的人开处方又叫他们锻炼体能一样无效。运动健身是好的，但是并不会让你长出头发。

我在上一章敦促你试着描述自己的感受，是希望当你这么做时，你会开始注意到可能依附于自己情感中的恐惧、失败、失落、挫折，以及破碎的人际关系。 当你看见这些拼出来的图像，就会知道，把自己局限于生理上的解释，可能会过度简化自己的问题，以致错失找到其他答案的线索。

平心而论，对于属灵上的原因，你也应该抱持未知与开放的态度。 我的意思是你不能立刻就断定是某个罪导致了你的抑郁，有些人认为，他们希望一旦找出罪的症结，一切都会改观。 有些人则看法不同，他们认为属灵的原因是过时且误导人的。 真相是在两者之间： 罪当然可能导致抑郁，但你在做出这样的定论时必须小心。 因为只要你诚实，在你的生活中总可以找到罪，但那并不意味着罪就是抑郁的原因。

> 心灵哀伤不一定与罪相关，因为我们的主基督曾经这样说："我的灵魂几近于死。"然而在他里面没有罪，所以在他深沉的忧郁中，当然也没有罪。[3]

一个简单的方法就是，在罪向你显明的时候面对它。当然忧郁症并没有拦阻我们处理这些至关重要的事情，只要我们别指望你的忧郁症会在认罪悔改并相信上帝的赦免之后消失不见。

如果属灵的原因是指我们自己的罪，那么忧郁症就未必只有一个属灵原因。但**属灵**这个词有更广的意思，从这个层面来说，**你的忧郁症总是且肯定是属灵原因导致的。属灵**用来指人类的正中心，我们最基本的忠诚实现的地方。谁是上帝？我们相信他吗？为什么他允许这件事发生在我身上？当他似乎遥不可及且毫无回应时，我如何信靠他？从很大程度上说，这些属灵问题确认了我们人类的身份。

只要苦难存在——忧郁症确实是苦难（这在下一章将作阐释）——我们就必须思考上帝以及我们和他的关系。在凡事顺利时，我们可以避免思考这些问题，但困难总是提示这些潜在的事实。当忧郁来敲门时，你不能避免有关上帝的问题。

此时此刻，你所知道的是：生活没有朝气，满是痛苦。你的第一个反应是："我如何尽快摆脱这种困境？"如果办得到的话，尽快减少痛苦是有好处的，然而忧郁症也需要谨慎应对。忧郁症可能代表内心存在某些大的问题，渴望获得别人的关注，忽略这一点的话，以后可能还会复发。当忧郁症代表心灵发出某种深层的渴望时，我们必须聆听。

开启重生之路

在以下章节中，我们会陆续讨论使用药物以及其他的治疗方式。此刻，我们在意的不是你是否接受药物治疗，而是药物治疗不该成为对抗忧郁症的唯一方法。即使药物能使忧郁症得到某种舒缓，但药物的功效也可能类似阿司匹林，只能消除某些症状，根本问题却依旧不变。

除了化学物质失衡以外，还有什么其他原因可能造成你的忧郁呢？

第一部

忧郁是场苦难

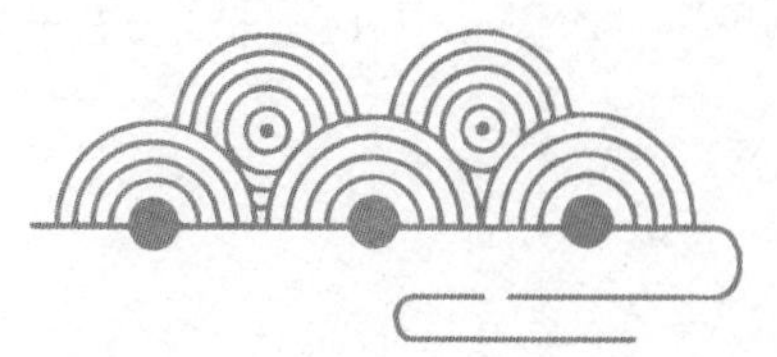

“从前你们的意思是要害我，但上帝的意思原是好的，要保全许多人的性命，成就今日的光景。”

（《创世记》五十章 20 节）

第4章
苦　难

有关忧郁症的成因，众说纷纭，我们很容易忽略一件明显的事实：忧郁症令人痛苦，它是苦难的一种形式。乍看之下，这个描述了无新意。然而，如果你熟读圣经，应该会发现一丝亮光。缺乏对圣经的深刻理解，苦难只是随机而无意义的偶发事件，面对苦难来临，还是拔腿快跑为妙！但圣经充满关乎苦难的信息。圣经抚慰了千千万万的人。圣经孕育了许多精彩的作品，彰显了上帝温柔的看顾以及对圣经的深刻洞见。你可以确定的是：上帝确实对我们的苦难说话，并且我们有充分的理由相信他的话语是好的，足以光照我们的苦难。

在圣经的索引栏查询**忧郁**一词，只能找到极少数经节（有的圣经译本，可能一处都查不到）。如果扩大范围，加入那些经历过现代忧郁症那般挣扎的圣经人物，你会找到多一点的数据。以利亚、扫罗、耶利米和约拿，都是马上可以想到的例子。但是再扩大范围，把痛苦、苦难、艰困、试炼、忧患、绝望、重担、恐惧、无望等字眼和主题加入搜寻，你会发现，几乎每一页经文都会提供某种方向和洞察力，并给予鼓励。

比如说，你曾将如下这个教导应用到忧郁症上面吗？

> 我的弟兄们，你们落在百般试炼中，都要以为大喜乐；因为知道你们的信心经过试验，就生忍耐。但忍耐也当成功，使你们成全、完备，毫无缺欠。
>
> （《雅各书》一章 2～4 节）

这是上帝的话语中不容易让人听进去的部分，要把它和你的景况加以连结，还得费点唇舌。 但是，经文中没有出现“忧郁”一词，并不妨碍你在这段话语中找到鼓励，寻获目标。 雅各刻意扩大苦难的范围——“**各样**试炼”。 如此一来，雅各请求那些经历忧郁的人理解，无论什么原因，忧郁都会揭露出我们真实的信仰状况，成为成长的催化剂，而非绝望的理由。 是的，正如所有的苦难都会让我们面对至关重要的属灵现实，忧郁症也有其属灵原因。

这段经文只是从上帝的话语中随机选择出来的，从中可见苦难有其目的，而光是这一点，就可以对忧郁症产生深远的影响。“我对人生只有一种渴望： 让这种痛苦变得有目的。”[1]

苦难的原因

当我们将忧郁症放入人生苦难这个更大的议题中时，你会发现，你对忧郁症的认识早已超过你所察觉到的。

例如：以经文检视造成忧郁症（苦难、试炼）的原因，圣经排除了那些简单的答案，指出至少有以下五种可能：

他人是造成困难-忧郁的原因之一。翻阅整卷《诗篇》，你会发现，超过半数《诗篇》是因遭受别人逼迫而向上帝呼求。人都会有背叛、凌虐；会做承诺，却又打破誓言；会受伤、四散，甚至毁灭，因为他们在乎自己的欲望，不在乎别人的福祉。深入探讨某些忧郁症的成因，你很可能会发现，某些人是因他人的过犯而受苦。

自己也是苦难的原因之一。我们的怒火导致离婚，以及接踵而至的孤单；我们偷窃，导致牢狱之灾。我们的瘾症毁了我们的关系和身体。如果你发现自己的内在因素——恐惧、愤怒、自私等欲望——潜藏于忧郁症的背后，不要惊讶。特别是愤怒，它是一个常见的原因。

导致忧郁症也有许多难以捉摸的其他原因。举个例子来说，我们错误的信仰可能会误导我们认为我们已经超越了上帝的爱和赦免。因为我们相信了关于上帝和我们自己的虚构神话，我们以为自己能够面对未来的惧怕，或者承受死亡和审判带来的恐惧。这些错误的信仰确实会招致忧郁。至少它会把我们拉向忧郁的引力场，并最终成为强化这种体验的忧郁症伴侣。

肉体是带来苦难的另一个明显原因。自从罪进入这个世界，我们的身体逐渐衰弱、毁坏。疾病、年老体衰、产后忧郁以及化学物质失衡，这些只是与忧郁症相关的少数生理原因。

这意味着我们所爱的人也会遭遇到肉体的衰败和死亡，而这当然成为个人悲痛与忧郁的另一个原因。知名的英国布道家查尔斯·司布真，一生多受忧郁症之苦，而导火线显然是一个悲剧。有一次，司布真对广大的群众传讲上帝的话语——有超过一万两千名信徒涌入教堂，另有一万名信徒在教堂外守候。聚会开始不久，有人大喊："失火了！"在这场因火灾引发的混乱中，狂乱的人群导致七名信徒死亡。这个悲剧带给司布真的哀伤，久久无法平复。

这三种原因——他人、自己、会毁坏、死亡的肉体——肉眼显而易见，而另外两种原因，若不借由圣经的观点，不经由上帝话语的指点，则很难察知。

撒但是人类苦难的第四个原因。《约伯记》是圣经中少数几处明确提到撒但工作的书卷。撒但擅长说谎和欺骗，它先从肉体上折磨我们，再伺机游说我们："忠诚相信真神并无好处。"那些探讨忧郁症却排除基督信仰的理论，当然不可能提及撒但，但这并不表示撒但从未伺机作祟。撒但不喜欢浪得声名，他宁可自己**不**受注目，他所追求的是转移大家对上帝的专注。

撒但对忧郁的作用难以识别。然而，更难辨认的是撒但在我们抑郁**之后**是如何影响我们的。任何持续的苦难都会引起我们质疑上帝的美意。只要疑问产生，撒但就会坐在我们旁边，并试图安慰我们的怀疑。

上帝则是苦难最后的原因。“有时候，在万暗之中，上帝将自己的儿女安放在床上。”这是一位年长的布道家的说明。我们说上帝“容许”苦难发生，有时经文也使用这样的字眼，但圣经的作者全然信服上帝是那位独一无二、又真又活、至高至圣的全能创造主。他们无法想象一个上帝不在掌权的世界。世上没有任何事情能脱离上帝大能的权柄，这当然也包括我们所受的苦难。

> 耶和华使人死，也使人活，使人下阴间，也使人往上升。
> 他使人贫穷，也使人富足，使人卑微，也使人高贵。
>
> （《撒母耳记上》二章 6～7 节）

> 我造光，又造暗；我施平安，又降灾祸。造作这一切的是我—耶和华。
>
> （《以赛亚书》四十五章 7 节）

上帝崇高可畏，超越万物，没有任何事情的发生与他的知识和意志无关。在苦难与忧郁来临之前，上帝早已在那里。缺乏这种信仰的人，就是选择相信一个偶然产生、混乱无序的宇宙，在那里，缺少一双大能的手引导万事万物迈向有目的并令人敬畏的幸福结局。

如此一来，当然会衍生出有关上帝美善的其他问题。 这些问题会列于我们后续的讨论中，但是目前来说，只需要先从苦难的观点来看待忧郁症，并且记住，苦难有种种原因，谨记忧郁是一种属灵问题，它总是把我们的注意力指向人类生命的重要事情。 这些道理很深奥。 如果这些都是显而易见的，你就不会觉得那么需要立即、且或许并非正确地得到更多具体的答案。

多重原因

我们在面对忧郁症时，必须乐意说："我不知道。"如果有可能的话，我们也要寻找更多具体的原因，在后续章节中我们也会这样做。 但在我们得到更多具体的信息之前，圣经的描述使事情复杂化了。 举个例子来说，有时忧郁症**有可能**归为五种原因之一，但我们不能指望它。 然而圣经通常不会把遭受患难简单归咎于单一原因。 相反的，人生中的每项挣扎都会让我们想到多重原因。

一个耳熟能详的例子就是约瑟（《创世记》三十七章至五十章）。 故事的起头只是手足间的嫉妒纷争，后来却演变成约瑟被自己的兄弟绑架，并且被卖为奴。 而被卖这件事还只是被主人的妻子污蔑、陷害，以至于在埃及坐监等一连串不幸中的第一张骨牌。多年后，当约瑟庆幸和他的兄长重逢时，他对自己苦难的解释是："从前你们的意思是要害我，但上帝的意思原是好的，要保全许多人的性命，成就今日的光景。”(《创世记》五十章 20 节)换言之，约瑟指出自己的苦难有两个原因：他的兄弟与上帝。这样一来，他就开启了一扇小窗，让我们瞥见上帝的属性。如同约瑟所理解的，上帝可能成为苦难的原因，他的大能甚至能将患难化为见证他的恩惠。这当然是个未解之谜，但约瑟在圣经中被描述为一个充满智慧的人。约瑟是一位典范，他的观点发人深省，后面的章节还会进一步讨论。

另一位众所周知的受难者是使徒保罗。他的麻烦通常来自于他人，但是他也理解到，上帝容许这些苦难发生，是为了激励他跟随耶稣的脚踪，走上十字架的道路。在苦难的试炼中，他曾提及“有一根刺加在我肉体上”(参考《哥林多后书》十二章 7 节)。我们无从得知这个顽疾的确切性质，保罗指出他的苦难至少有三种原因：骄傲自高、撒但的差役，以及上帝——一个苦难，三重原因。

将这点应用在忧郁症上，足以让我们明白，想为忧郁症找出特定原因的想法可能太过狭隘。比方说，忧郁症或许有生理上的原因，但不能就此排除其他可能。忧郁症可能同时是属灵争战、他人的罪、我们自己的罪，或者是对上帝或我们自己的错误信仰所造成的后果。

未知的原因

虽然圣经告诉我们苦难有多重原因，它们能够同时发生作用，但是在诊断某个苦难的确切原因时，却没有这么简单。当然，有时候，我们受磨难的原因显而易见。例如，有个朋友常年赌博而债台高筑，那他自己就是苦难的原因。有个妇人喜欢自由自在而抛弃配偶，那么她就是自己（和配偶）苦难的原由。然而，即使在这些案例中，我们也不能每次都明辨相关因素，比如带你朋友接触赌博的人，一直给你朋友融资的簿记员，鼓励那个太太离开她先生的同事，或是那个妇人的母亲随随便便就和丈夫离婚，抛夫弃子，因而给女儿做了坏榜样，否则她或许不会轻易考虑离婚。

圣经没有对个人应负的责任定出明确的准则，是为了让我们明白，真正的原因并非绝对重要。约伯就是最好的例子，虽然我们知道撒但导致约伯的灾难，但是约伯自己并不明白。即使后来他的产业失而复得，他仍不明白自己为何受苦。虽然他在众人面前向上帝申诉了那么多，但上帝唯一表明的是，他是上帝，而约伯不是。然而，这个回答已经满足了约伯所有的疑问。

所以，我们或许能找到受苦的某些原因，但终究无法找出全部。苦难是神秘的，就像在一切人类探索的尽头，也有最终不可或解的奥秘。

圣经引导我们来到洞悉万物、全然可靠的上帝面前，而不是教导我们如何找出苦难的原由。换言之，圣经不是给予我们对特定事件全盘掌握的知识，而是给予我们足够的认知去认识上帝，仰望上帝。“上帝啊，我不知你手的作为，但是你全然明了，余愿已足。”在某种程度上，求助于上帝，并将苦难的奥秘交托给他，这就是对苦难问题的答案。

然而，这和忧郁症有何关系？ 你或许可以辨明有关苦难的某些明显原因，知道这些原因或许有助于减轻痛苦。 但所有苦难的目的都在于训练我们定睛仰望真神。 因此，无论原因为何，都可以趁忧郁症之机，来响应所有问题中最深沉、最重要的那个问题：“我该相信谁？ 我该敬拜谁？”

开启重生之路

一次要消化这么多内容并不容易。现在你可以看到，仅是把忧郁症纳入苦难这个较广的范畴内，就可以产生极大的意义。不过你的反应或许不会很热切。一方面你理解受苦之人仍有盼望，成千上万的人在患难中成长，见证上帝的信实。另一方面，我们还是不由地要提出那个由来已久的问题：上帝为何容许你的生命中发生如此痛苦而又虚耗生命的事？这样的上帝，怎么会在意我们呢？这样的上帝，怎么能称为良善呢？

我们可以用两种方式来面对这些质疑：一种是握紧拳头，另一种则是敞开心门。采用第一种方式的人听不进任何答案，而采取另一种方式的人则会洗耳恭听。如果你正在倾听，这些问题就是最好的题目，因为它们都是有答案的。

当你从苦难的观点来看待自己的忧郁症时，这会有什么不同呢？

第5章 上　帝

多数忧郁症患者都带有自相矛盾的观点。

你厌恶忧郁症的孤立感，却逃避人群。

你渴望帮助，却又不听劝告。

你相信有上帝，却又觉得自己像个无神论者。

既然有关上帝的矛盾看法是最重要的，那就让我们来优先检视这些看法。你会发现，各种苦难都会触及这个议题。

你一定听过这个说法："散兵坑中没有无神论者。"在极度危急的时刻，许多从来不曾思考过信仰的人会突然十分谦卑地祈祷，背诵主祷文，忆起《诗篇》中"耶和华是我的牧者……"，就好像这些话早已记录在每个人的基因中一样。

这里会有两种可能性。一种是，假使困难很快消失，他们对上帝的思考也会倏地销声匿迹。在和平胜利的时候，我们都不太会关注上帝。另一种是战事仍在继续，情况没有改变。这些卑微的请求或许还谈不上是愤怒，但至少会转为鲁莽的质疑。“上帝啊，你为什么如此对待我？”“我哪里冒犯你了？”苦难会让人不断对上帝产生质疑，这是安逸所远不能及的。

当困境持续施压，你或许会意识到作为一名“无神论者”的自相矛盾。换句话说，你会承认，上帝的确存在，但你却越来越感到孤独落寞。难处越大，你的孤立感也越趋强烈。你会想，**如果上帝真的存在，我为何感觉不到呢？** 即使是那些信仰清楚的人，他们也会一直复诵：“在忧郁的最深处，我毫无信仰。”[1] 一位诊治忧郁症病人多年的法国精神科医师观察到：“所有的忧郁症患者都是闷闷不乐、思想极端的无神论者。”无论你在生活中对此矛盾看法的主张偏向哪一边——信主或不信主——忧郁症使人对上帝产生怀疑，这在任何长期的苦难中都是无法避免的。

生命最终的根基在于上帝。不管你对他是挥舞紧握的双拳，认为上帝的存在遥不可及、毫不相干，抑或认为自己必受上帝的审判而来到他面前畏惧颤抖，真相就是：人生的根本问题与人心的基本课题，就是上帝。人生若不是认识上帝，就是逃避上帝，这是最根本的归属问题。在苦难中，你该相信谁？你该敬拜谁？

让我们再次思想约伯。超乎寻常的苦难与生命中重大的损失，立刻把约伯带到一个基本的问题上。当苦难成为生命的常态，他仍然信靠、敬拜上帝吗？

约伯的回答一点都不含糊。当他痛失所有儿女的时候，他仍

“俯伏在地敬拜”，做出惊人的宣告：“赏赐的是耶和华，收回的也是耶和华；耶和华的名是应当称颂的。”（参考《约伯记》一章21节，新译本）

换作是你，大概不会想要俯伏在地敬拜上帝吧。麻木、痛苦与敬拜之间，似乎找不到交集，但你至少可以想一想上帝是谁。在忧郁时刻，你既需要思考这个课题，却又对上帝敬而远之。我们需要好好想想，因为所有苦难都会导向对上帝属性的质疑。但此时你又想要躲避上帝，因为没有人会自然而然去寻求上帝。苦难让上帝显得更加疏离，更加冷漠。

当你思考上帝时，你会发现，你对自己以及对上帝的想法都有谬误。换言之，你可能认为自己对上帝已经穷尽所知——或是一切你想明白的都已明白了，然而，你并没有明白。当有疑问时，让谦卑作为今天的目标。如果你抗拒去认识上帝的努力，你大概是对上帝怀有怒气，在这种情形下，你就**更加**有理由思考他是谁。上帝邀请愤怒的人来到他面前，要叫他们有这些惊奇的发现。

第一个惊奇：耶稣和我们同受苦难

我们有时候会在耶稣和父神之间做出奇怪的切割。父神总是对我们的过犯比较严格，比较挑剔；耶稣总是仁慈，善于原谅。然而，独一的真神就是三位一体，而他选择在耶稣身上充分显现上帝的本体。耶稣就是上帝对自己的总结，“他是上帝荣耀所发的光

辉，是上帝本体的真相。”（参考《希伯来书》一章3节）

耶稣是上帝的位格向人最精致的体现。在耶稣身上，你可以找出各种奇妙之处，其中一项是：他和我们同受苦难。

如果自创一个宗教体系，你很难想象一位神会变得像他所造的人一样。但上帝不只是道成肉身，与所造之人相像，**而且**他甘心乐意承受痛苦死亡的磨难，好让他的子民免于死亡。即使是熟读圣经的男男女女也无法预料，上帝会是如此亲近。他们从未猜透那位弥赛亚，上帝自己，竟会选择以这种方式承受苦难。

如果你以为上帝遥不可及，对我们漠不关心，这就是他令人惊奇的启示。自从上帝创造天地以来，他明白你的苦难，他宣告自己会道成肉身，与世人同在（这也表示，我们得以共享他的世界）——他不是一位既疏离又冷漠的上帝。

在非洲一所医院中，一位贫困的老妇人走近刚刚目睹了一场死亡的一位牧师。

> “你知道，”她抓着我（牧师）的手臂说，“经历过失去许多亲友，经历过无数悲伤，主教会我一件事。耶稣基督不是到人世来取走我们的伤痛与苦难，而是来与我们共同承担苦难。”[2]

仅是圣经中的一章所记载的某一天所发生的事情，就已揭示了耶稣承担我们苦难的深度。 例如《马可福音》十四章：

- 祭司长和文士用计谋逮捕并杀害耶稣（1节）。
- 犹大同意为赏金出卖耶稣。
- 耶稣预言有一位门徒将不认他。
- 耶稣预言其他门徒都将离弃他。
- 宗教领袖动手逮捕耶稣。
- 有人对他吐口水。
- 有人用拳头打他，直到他几乎因受鞭打致死。

这是在他受辱、被钉十字架**之前**所发生的事。

- 然而，是上帝定意将耶稣压伤，使他受苦（参考《以赛亚书》五十三章10节）。
- 从此耶稣教训他们说，人子必须受许多的苦，被长老、祭司长和文士弃绝，并且被杀，三天后复活（参考《马可福音》八章31节）。
- 万有因他而有、借他而造的那位，为了要带领许多儿子进入荣耀里，使救他们的元首借着受苦而得到成全，本是合适的（参考《希伯来书》二章10节，新译本）。

耶稣被称为“多受痛苦之人”（参考《以赛亚书》五十三章 3 节）。他被欺压、受苦、受藐视、被人厌弃，甚至叫人转头不看他的面容。耶稣的这些事情，你都知道，然而，现在你自己也饱尝痛苦。知道竟然有人自愿一肩承担如此剧烈的痛楚，应该会让你感到震惊吧！

受苦之人通常更能够体谅其他受苦之人。作为一名受苦者，你应该明白耶稣的痛苦；同样的，耶稣真的明白你所受的苦，我们从他的叹息中可以得知。当耶稣治愈一名聋子时，他望着天，深深叹了一口气（参考《马可福音》七章 34 节）。耶稣看见周遭之人所受的苦难，就心中不忍，直到今日，这位复活的主仍继续为我们的苦难而哀恸。

马丁 · 路德（Martin Luther）说，单凭十字架就足以证明我们的神学。十字架之上，上帝自己担当了苦难与审判。仔细看，你会看到一只无辜的羔羊被宰杀，因此，神学家很快就注意到发生在上帝所造的罪人身上的事，不管这些事情有多么悲惨，都远不及发生在上帝的儿子[3]身上的事情残酷，罪大恶极。

你该如何回应？

- 你曾否注意过，当你与某些承受比我们更大痛苦的人在一起时，我们的痛苦似乎显得不再那么沉重、剧烈。就好像另一个人的苦难，能够让我们暂时从自己的苦难中解脱出来。耶稣受难的确能够振奋我们，让我们破茧而出。

- 十字架告诉我们，生活并不容易。如果耶稣服侍众人，我们也要服侍；如果耶稣受苦，我们也要经历艰难。没有仆人大过自己的主人。不过，事情并不总是如表象一般，苦难是通往荣耀的必经之路。“那带种流泪出去的，必要欢欢乐乐地带禾捆回来！”（《诗篇》一百二十六篇 6 节）苦难有其目的，苦难会改变我们，让我们愈来愈像耶稣。“当耶稣呼召某人时，他邀请这个人前来受死。”[4] 但这种死亡并非故事的结局。
- 当有人和你遭受相同的苦难时，他们在你开口之前，就已经了解你了。他们甚至可以详细地描述出你的痛苦。耶稣受过最大的苦难，他明白我们的苦难。

第二个惊奇：上帝满有恩惠和赏赐

当我们想到耶稣曾与我们同受苦难，我们也会去怜悯那些受苦之人，这是无可置疑的。然而，当我们听见有关上帝既良善又赐丰盛恩典的信息时，则很容易提出抗议。对你而言，此时此刻，似乎只有借由除去忧郁，才能显现上帝的恩惠与丰富赏赐，特别是当这种恩惠乃是出自全能的创造主。如果他解除你的痛苦，你就信靠；否则，你仍存疑。

不过你要牢记自己已经明白的事。第一，耶稣受苦，而耶稣是父神的独生爱子。当我们承受着看似永无止境的痛苦时，很难相信上帝还会爱我们，但耶稣受苦证明这种状况的确可能成立。这并不代表我们能够了解这幕后的大智慧，尽管如此，短暂的苦难与上帝的慈爱，两者仍可以并存。

其次，“上帝既不爱惜自己的儿子，为我们众人舍了，岂不也把万物和他一同白白地赐给我们吗？”（《罗马书》八章32节）从古至今，唯一能完全说服我们相信上帝大有恩惠且乐于赏赐的证据，就是十字架。对一位愿意做出这种至大牺牲的人，我们没什么好争辩的。如果有人为了救你而牺牲他的独生爱子，你一定不会怀疑这人的爱。除非是淡忘了如此昂贵的牺牲，或是挫败促使我们怀疑。我们需要的只是一点提醒。上帝说：“如果我已经为你舍弃了我的爱子，难道你还认为我现在会吝于付出，对爱有所保留吗？”

当孩子想要一样东西却得不到时，他们很难相信父母真的爱他们。毕竟对孩子而言，有什么比满足欲望更棒的事呢？但是父母所认知的爱更为细腻，他们知道满足孩子的愿望不一定对孩子有益。有时孩子需要吃西兰花，有时即使孩子的朋友还在外头玩耍，但是早早上床对孩子更有益。不过在这种时刻想让孩子相信你爱他们，却没那么容易！你能做的不过就是提醒他们，你爱他们。“孩子，你知道我爱你，我为你的益处着想。我知道我现在这样做可能有点不近情理，但你可以认真思考一下，你知道我绝不会狠心对你，我爱你，你必须相信这点，尽管你现在可能不以为然。”

上帝大有恩惠，有丰富的赏赐，他不吝于付出。他命令他的子民不要贪图非分之想，否则就是否定上帝的丰盛赏赐。他不会在你被雕琢成器以前对你置之不理，魔鬼才会让你这么认为。相反的，上帝说：“你要大大张口，我就给你充满。”(《诗篇》八十一篇10节)他邀请我们接受丰盛的宴席，他对我们的要求只是要我们怀着饥渴慕义的心，空手赴宴（参考《以赛亚书》五十五章1~3节）。

我这样说没有任何宗教企图，不是为了收揽人心。当你感到痛苦的时候，很难对上帝的仁慈和慷慨发出惊叹。清教徒威廉·考珀（William Cowper）说：“作为上帝的儿女却对他的恩典毫无所知，有冠冕之份却感觉被幽禁于地牢深处，这是有可能的。”[5]我的目的只在于以真理提醒你，而你的职责只在于信靠（参考《约翰福音》六章29节）。

开启重生之路

亲爱的朋友,你对这些想法有何回应?注意自己的反应:冷漠?矛盾?抱一线希望?敌对?你觉得这些讨论说得天花乱坠,但你所想的只是把坏掉的车修好?

你的回应是什么?从这些回应中,可以让我们看见怎样的你?

你是不是一名不能共患难的朋友,欢乐时光信靠上帝,但在患难时刻就渐趋怀疑?果真如此,那我要欢迎你加入罪人的行列。把你的目光放在圣巴西尔(St. Basil)这样的人身上。尼撒的格列高利(Gregory of Nyssa)主教对他信仰的评论为:"双重兼顾"—— 他一方面接受喜乐,一方面也接受苦难。

此刻,你必须与忧郁症患者身上常有的消极倾向奋战。不要坐以待毙,以免那些负面信念灌注到你的心中,要寻求主,圣经中承诺,上帝会将他自己越加显示给那些寻求他的人。读一读圣经中那些伟大的祈祷文(参考《以弗所书》一章 17~23 节;三章 14~19 节),让它们成为你自己的祈祷吧。

第6章
呼求上帝

你是否曾经参加过这样的主日崇拜，全部的程序及内容，从头到尾都已经逐一规范好了？ 这是按照仪式举行的主日崇拜，内容包括预先准备好的祈祷文，还有提供会众诵读的经文。

如果你有忧郁症，你必须学习作一名按照仪式敬拜上帝的敬拜者。

如果要你自动自发去参加崇拜，那大概得等上好长一段时间。即使你略有想和上帝交谈沟通的想法，你可能会发觉自己词不达意、无话可说。 所以，当你勉强自己去作礼拜，崇拜的程序最好早已逐一安排就绪。

回归内心世界

患有忧郁症时，一切回归内心世界。 一朵美丽的花可以暂时吸引你的目光，但不过短短几秒钟，你的焦点又回归到自己的悲惨世界。 看见挚爱的人庆祝最近发生的好事，在你还来不及与他们共同欢庆之前，你又回归到自己的空虚世界。 就像一个永远折返原点的回力棒，不管多么努力，终究无法摆脱自己。

痛苦就是这么一回事，如果身体有某个地方受伤了，是无法摆脱那个痛的。 你或许会有短暂分心，但是痛的感觉会穿透意识，再度盘踞你。 在最悲惨的时刻，你会觉得自己似乎无路可逃，被痛苦禁锢。

你别无选择。 试着抵抗，只会让你分神，到头来，也只不过是试着活过另一天。

两种选择

但你还是有生路，更正确的说法是，你有其他选择。 你正站在十字路口，最终你会选择走上这条路或是那条路。 没有所谓的别无选择，因为“别无选择”本身就是一种路径，也是一种选择。

你的选择乃在于要或不要向上帝呼求。 这就是亘古以来，每个置身悲惨境遇中的人所面对的抉择。 听听先知何西阿替上帝写下的话语：“他们并不诚心哀求我，乃在床上呼号。”(《何西阿书》七章 14 节)[1] 你或是默然独坐，或是向上帝呼求；你或是在床上哭泣，或是对上帝发出泣求。 这就是你的两种抉择。

现在你可以看出来，为什么按仪式进行的崇拜对你会很有帮助。 当你试着自己呼求上帝，你可能不知道该说些什么。 你没有话语可以描述自己的经验，也没有话语可以用来赞美上帝；你甚至不知道自己该祈求些什么。若非上帝喜爱和他的子民交谈，光是这些难处就可能让你注定保持沉默。但上帝乐于教导我们如何呼求他。

上帝为沉默发声

上帝或许让人感觉遥不可及，但很可能是这感觉误导了我们。圣经处处是上帝承诺与他的子民同在的经文。你需要证据吗？上帝对我们说话，也渴望我们对他说话，这只有与上帝亲近的人才能做到。上帝向我们说话，特别是借由圣经。他也呼召我们与他交谈，当我们张口结舌时，他让我们知道如何开口。

但是上帝并没有给我们一个脚本。当我们按脚本说话时，我们只是装模作样，戴着别人的面具，沦为演员。上帝赐下《诗篇》取代脚本。不知为何，《诗篇》竟能替我们心中的沉默发声。如果我们有如此本领，有如此文藻，我们也会写出许多和《诗篇》相同的话语。

在《诗篇》中，你可以找到许多这类的诗，是上帝预先为你准备的仪文。

> 耶和华啊，你忘记我要到几时呢？要到永远吗？你掩面不顾我要到几时呢？
>
> （《诗篇》十三篇1节）

但我是虫，不是人。被众人羞辱，被百姓藐视。

（《诗篇》二十二篇 6 节）

我心在我里面甚是疼痛；死的惊惶临到我身。恐惧战兢归到我身；惊恐漫过了我。我说，但愿我有翅膀像鸽子，我就飞去，得享安息。我必远游，宿在旷野。

（《诗篇》五十五篇 4～7 节）

我陷在深淤泥中，没有立脚之地；我到了深水中，大水漫过我身。我因呼求困乏，喉咙发干；我因等候上帝，眼睛失明。

（《诗篇》六十九篇 2～3 节）

因为我心里满了患难；我的性命临近阴间……你把我放在极深的坑里，在黑暗地方，在深处……耶和华啊，我呼求你；我早晨的祷告要达到你面前。耶和华啊，你为何丢弃我？为何掩面不顾我？

（《诗篇》八十八篇 3、6、13～14 节）

开始寻找，从能反映你自身经验的文字与辞藻开始。如果这样似乎要求过多，你可以请别人为你选读《诗篇》。

别忘了，虽然这些《诗篇》表达出的情感很自然，但它们是上帝亲自赋予你的话语。上帝正是那位安排敬拜程序的牧者，他是那位教导你如何开口的天父。

耶稣的《诗篇》

当你听到《诗篇》二十二篇开头“我的上帝！为什么离弃我？”的呼求，你可能会想到自身的经验。忧郁感觉上就像被遗弃，但不要忘记，这些正是主耶稣在十字架上说过的话。这些话点出一件事实，当你诵读这些仪文般的祈祷文时，你并不孤单。大卫写下许多《诗篇》，以色列人吟诵《诗篇》，教会以这些诗歌礼赞，而这一切都指向耶稣基督。到头来，这些都成为耶稣的诗篇，而你被教导与他一起歌颂。耶稣是至圣的歌者，而现在，上帝独生子的诗歌被当成礼物，送给所有上帝的儿女。

这些诗篇的作用在于修正我们生命的轨迹。上帝利用他所赐予我们的话语，温柔地把我们的心转向他，不让每件事情都回归我们自身。他让我们向前看，看到自身之外，定睛在主耶稣身上（参考《希伯来书》十二章2节）。

牢牢记住这个模式，这就是盼望之路。当一切思绪都回归我们自身这种现实令人抑郁时，当我们自己没有办法负荷这种重担时，我们应该做的就是，打开眼睛、向外观看、仰望上帝、注意周遭的人群。当你背诵《诗篇》，想到耶稣比你还早背诵过这些《诗篇》，你会发现自己的眼光逐渐改变。或许你会从别人还没和你打招呼之前，自己就先向别人打招呼的方式中，注意到这种转变；或许你会开始写下自己的祈祷文。你会从一个人孤立无援的黑暗中，一步一步走出来。

阅读整卷《诗篇》

当你把耶稣的话语变成你自己的话语，尝试阅读大量个人化的《诗篇》，这能帮助你用话语述说自己的经验，用话语述说上帝。例如，《诗篇》二十二篇开门见山，坦承自己的心情：“你为何离弃我？”这是信仰的表白，因为你是对着上帝说话。你对上帝的属性有足够的认识，但上帝让你感到如此疏离，这令你觉得不可思议。但是当你读到长一点的《诗篇》，它会领你进到一个全新的境界。

> 因为他没有藐视憎恶受苦的人，也没有向他掩面；那受苦之人呼吁的时候，他就垂听。（24 节）
>
> 谦卑的人必吃得饱足；寻求耶和华的人必赞美他……地的四极都要想念耶和华，并且归顺他；列国的万族都要在你面前敬拜。因为国权是耶和华的，他是管理万国的。（26～28 节）

你会发现，盼望也是一项需要操练的技能。没有任何一节经文、任何一颗药丸或任何事物，能让盼望奇迹般地出现。背诵表达自我心声的《诗篇》是这种操练的一环。

日常的呼求

当你如同参加仪式般进行敬拜时，有时会感觉自己的内心被更新，充满生命气息。你以无比的热情颂读经文，开口说出祈祷文。有时候，你感觉自己好像只是敷衍了事，但我们读经、祷告是因为上帝的话语是真实的，上帝可以听见你的声音，不管你感觉多么心虚。他喜悦你呼求他，而不是在床上呻吟。“那些在心灵枯槁之时发出的真挚祷告，最讨上帝的欢喜。”[2]

信仰有许多不同的感受。有可能是喜乐洋溢；有可能是抑郁颓废，觉得无法界定自己的信仰。然而信仰只是单纯地转向上帝。当你反复吟颂《诗篇》，你就是活出信仰。你要记住，圣灵已经内住在我们心中，只要你能用《诗篇》来颂赞，上帝就在离你不远之处。

牢记这一点，坚持下去。不要只是为了化解忧郁而诵读《诗篇》。你读《诗篇》，是因为它们信实可靠，因为它们是基督在你生命中做工的确据。你要常常诵读《诗篇》。

> 耶路撒冷啊，我在你城上设立守望的，他们昼夜必不静默。呼吁耶和华的，你们不要歇息，也不要使他歇息，直等他建立耶路撒冷，使耶路撒冷在地上成为可赞美的。
>
> （《以赛亚书》六十二章6～7节）

每天在固定时间，建立你自己的敬拜仪式。 邀请别人和你一起祷告，也请别人为你代祷。

开启重生之路

也许你因为自己无法记住一整篇《诗篇》而觉得自己的灵命远不如人。你每次刚刚感到自己对《诗篇》有所回应，诗人却不巧进入灵性高峰而把你抛在后头。没关系，此时只要你能感受到《诗篇》的一小部分，就已经足够。信仰并不在于温暖的宗教情感，而是在于知道自己走到那位倾听的上帝面前。读读《诗篇》八十八篇，请注意结语："黑暗成了我的知己。"(新译本)我们无法想象这会是信仰的表白，但是当你对倾听我们心声的上帝倾吐这话时，这就是勇敢的信仰告白。

让我提醒目前的进度，我们尚未进入对忧郁症细节的探讨，只触及上帝与你沟通的某些方式。请勿以为我们能够穷尽圣经的深度，然而，我们能够因着上帝话语的安慰与永无止境的引导而备受鼓舞。本书只是揭示圣经美妙之处的引子。

如果没有任何事情能让你产生共鸣,那我们要思考个中原因。有时候,是我们希望和上帝保持距离。虽然你的冷漠可能有其他原因,但我们冷漠通常是因为自己不想再和别人有瓜葛,难道不是吗?或许,你对自己与上帝的关系有着未曾说出口的失望。这些失望到底是什么?其实,你可以把这些失望统统向上帝倾诉。

众民哪!你们要常常倚靠他,
在他面前倾心吐意;
因为上帝是我们的避难所。

(《诗篇》六十二篇8节,新译本)

第7章 争战

如果你知道敌人在身后急急追赶，一定会有所防范，特别是当你知道这个敌人擅长使用游击战术时。即使在你抑郁不振之际，对生命的丝毫威胁都足以提起你的精神，除非你不知道背后有敌人追击。

在艰难困顿的时刻，属灵争战几乎无可避免。我们见识过耶稣被领到旷野，经历肉体痛苦与灵命孤独时，撒但抓住自认为绝佳的机会，伺机追击（参考《马太福音》四章）。那么撒但对凡夫俗子经历忧伤、情感枯竭时的追击，岂不更加激烈吗？圣经把撒但比作狮子，藏身于高密草丛之后，伺机等候吞吃那些容易动摇的人（参考《彼得前书》五章 8 节）。

且让我们思考忧郁的本质。生活开始变得封闭内缩，这点你应该有所体会。从现实来说，你感觉上帝并不同在，而你严厉自责，把自己批评得体无完肤，这些都会让你坚信，上帝并不爱你。

即使你没有在自己胸前画上靶心，你也早已是撒但明显的攻击目标。

撒但的计谋

撒但擅长伪装成光明天使（参考《哥林多后书》十一章14节），企图掩人耳目。但是使徒保罗向我们保证，上帝会揭露撒但的恶行，好让我们洞察撒但的诡计和权谋（参考《哥林多后书》二章11节）。要辨认撒但的诡计，我们应该多思考平凡寻常的事物，而非离奇古怪之事。恶鬼附身，种种骇人行径，不过是撒但的伎俩之一，有时则是一种障眼法，让我们误以为撒但的伎俩**总是**伴随着引人注目的标记。然而实情是，撒但更愿意暗中进行每日的破坏工作。他以下列方式，悄悄进行渗透。

谎言。还有什么是比说谎更稀松平常的事呢？谎言不再引起我们的注意，因为说谎是那么自然而然的一件事。小孩子说谎话，根本不需要人教，而政客说谎更在预料之中。谎言形形色色，不胜枚举：白色谎言、自我辩护、夸大其词、轻描淡写、偷换概念。

其实这些骗术背后，不只是想推卸自己做错事的责任。谎言背后是谎言之父，撒但本尊。“它说谎是出于自己；因它本来是说谎的，也是说谎之人的父。”(《约翰福音》八章44节)

你自己可能也是谎言的受害者。你可能对某种错误信念深信不疑，却拒绝改变自己的想法。比方说，你**觉得**自己对家人是累赘；你**觉得**他们没有你，生活会更好；你对这种想法**深信不疑**。无论家人如何持不同意见，想尽办法表达对你的爱，都无法说服你改变心意。如果你**感觉**上帝已经离弃你了，那么你就会相信上帝真的已经舍你而去，任何事情都无法说服你改变想法。换言之，感觉是会说谎的。

你看出事情演变的过程吗?

首先，你的灵命破口让撒但有机可乘→你的情绪反应加剧，以致扭曲你对事物的解读→撒但伺机攻击→你无视别人的说法，执意选择最悲观的想法。

其实这根本无须牵涉到巫术、蛊惑人心、听到怪异的声响，或撒但教明目张胆的邪恶仪式，一切都是那么顺其自然。然而，这却是一场万分激烈的属灵争战。

有关我们的谎言。撒但的谎言都经过算计，有所图谋，而且特别针对你属灵的命脉——你生命中最重要的课题。

你相信自己做过一些罪大恶极的事，不容原谅吗?果真如此，那你就是相信撒但的谎言，认为耶稣的宝血只能对付小过、小犯，只能对付无心的过犯。然而真理却是：经由十字架，基督已经替那些信他的人承担了罪的审判，如果你已在耶稣基督里宣告你的信仰，那么你也包括在内。

你是否认为有些事情你做得太糟糕而不能被原谅?果真如此，那你就是相信撒但的谎言，认为上帝爱你是因为你的行为。

然而真理却是：上帝爱你，因为他是爱人的上帝，而耶稣的牺牲证明了这点。耶稣基督的十字架显示，上帝喜悦一切信他的人，如果你相信耶稣是死而复活的主，那么他喜悦你，并且爱你。

你相信自己毫无活下去的理由吗？果真如此，那你就是相信撒但的谎言，认为你单单属于你自己。然而真理却是：你属于上帝，并且你拥有上帝赐予的人生目的。不止如此，基督的十字架显示，上帝对你生命的计划是**美善的**。

你相信这些问题无关紧要吗？果真如此，你就是相信撒但的谎言，认为我们和上帝的关系与我们和忧郁症的缠斗之间没有关联。真理却是，你和上帝的关系是绝对必要的，特别是在此时此刻，你的生命取决于你与上帝的关系。

如果你曾对以上这些问题有所动摇，那你就会经历属灵争战。

不要以为这些谎言是自动输入我们的脑海中，我们只是机械式地重复播放。谎言不会自己刻印在我们的心版上，而是我们先有既存的种子，撒但的谎言才会找上我们。撒但只是为我们早已揣测为真的谎言背书的指导员，是一个假冒的见证者，急于肯定我们对事情的错误诠释。这就是为什么属灵争战如此顺理成章，并没有人胁迫我们违背自己的意志。撒但并非在我们有坚定信仰、确信不疑、谎言显得可笑与极不可能之处与我们争战。撒但乃是寻找我们信心软弱之处，希望我们会软弱投降，而这都是从我们所累积的怀疑开始。撒但向来就是个投机分子，他看见我们容易动摇的地方，然后他只要说：“没错，你所想的的确为真。”

有关上帝的谎言。如果你仔细检验你信以为真的谎言，你会发现自己正陷于冲突的困境中。没错，你是撒但预定歼灭的对象，这些谎言让你宣判自己有罪，然而你并非是这些谎言的首要目标，这一连串的攻击是特别冲着上帝的属性而来。谎言的目标在于挑起你对上帝的怀疑。更准确地说，这些谎言专门质疑上帝的爱与大能。

例如，注意撒但的第一个谎言：“上帝岂是真说不许你们吃园中所有树上的果子吗?”(《创世记》三章1节)“你们不一定死。”(《创世记》三章4节)

这些话语直接攻击上帝的恩惠与信实，而这两者都是爱的表现。撒但的意思是说：“上帝的话语真的能够信赖吗?”“上帝真是美善的吗?”“也许他只是欺瞒你们。”“或许上帝很吝啬呢?”撒但用这些质疑与控诉，火力就已足够。大多数的属灵争战都是由和这些老掉牙的攻击大同小异的说法所组成的。

所以，如果你怀疑自己容易受到撒但谎言的煽动——并且假设你有忧郁症状——将这些谎言重新措词，明白这些说法不只是否定你自己，更否定了上帝的大能。

例如：认为“我毫无价值”，可以重新诠释为“上帝没有赐下我所渴望的成功；因此，我不相信他是满有恩惠的”。

认为“我已失去生命中最重要的事物”，可以重新诠释为：“上帝不足以满足我的人生”。

“我走不下去了”就是:“我不相信上帝听见我的呼求，要不然就是他没有足够的权能来克服人的软弱。”

你明白了吗？ 我们的苦难可能来自许多不同地方，然而，无论根源为何，撒但终究是那个幕后黑手。 遭逢苦难就是撒但挑拨我们去质疑上帝的最佳时机，因为是我们自己开始提出这些问题。苦难挑起一些无法被忽略的属灵问题，当使徒保罗提醒我们，在苦难中，魔鬼会用诡计来“拦阻人认识上帝”(参考《哥林多后书》十章5节)时，这就是保罗所强调的重点。

注重世俗，不注重属灵真理的谎言。 这个流行的假象早在苦难来临前就开始了，在人生的顺利时刻，撒但乐意鼓励我们，放眼上帝在我们周遭的恩惠作为。

“你的婚姻稳固吗？ 上帝真是大有恩惠！”

“你的身体健康吗？ 上帝真是大有恩惠！”

“你的各项账单都付清了吗？ 银行有存款吗？ 上帝真是大有恩惠！”

“把你的眼光放在属世的祝福上，用这些来测量上帝的恩惠，因为人生不会永远是美好事物的累积。 等到困境到来，举目观看，你将看不见任何上帝大有恩惠的证据。”

这就是撒但对约伯所耍的奸计，好在他的伎俩并未得逞。 约伯拥有人世间最好的产业，撒但自认一旦这些产业都被拿走，约伯就会背弃上帝。 然而，约伯自始至终仰赖上帝，迫使撒但溃逃。

我们的反击

如果你想拿约伯作为效法的榜样，你就有了战胜撒但的属灵优势。 事实上，你拥有比约伯还要有利的优势。 现在我们对撒但有所了解，而当时约伯对撒但却一无所知，约伯并无耶稣作为前锋。耶稣在旷野中坚定地抵挡撒但，当我们对耶稣说“是的，主，我仰望你”的同时，我们也就信靠耶稣那屹立不动摇、抵挡撒但的大能。

对于信仰如何在属灵争战中发挥功效的那些细节，我们知之甚详，但以下这些枝节却很容易被遗忘：

记住，你有个对手。 要承袭那些智者的带领，他们以告诫自己“今天我必须儆醒，我有个对手”来开始每一天。 邀请别人提醒你，你也快快提醒他人。 要明白自己正身处叛军横行的地域，他们投注全副心力要摧毁你。

要假定战火猖獗。 根本无须费心寻找争战的蛛丝马迹，只要假定你正处于战况激烈之时。 如果你想寻找争战的证据，其实不必在你忧郁症严重的时候做这件事。 我们不知道撒但跟你的忧郁症有无关联，但是我们的确知道撒但会利用你长期的病痛作为攻击点，采取下列惯用的伎俩：

- 你丧失盼望吗？ 你相信上帝袖手旁观、与你疏离吗？
- 你质疑上帝的爱吗？
- 你质疑上帝的宽恕吗？
- 你是否觉得无须更加认识耶稣基督？ 要记住，撒但永远都会攻击上帝的属性。
- 你倾听智慧的忠告和圣经的话语吗？ 如果没有，那就是你在某些属灵争战中落败的明确标记。 倾听是谦卑的表征，撒但无法战胜这点。

不要认为你的情况是特例。 这个盛行的谎言质疑上帝对你的慈爱：所有身受苦难的人都倾向于相信自己的苦难独一无二，这个谎言让你很快认定，一切辅导都无关紧要，因为无人能了解你的处境，任何忠告都不适用。 结果就是，你所经历的孤独被强调，而你就有更多理由感到绝望。

无人能避免受谎言影响，人人都有被谎言蒙骗的亲身经历。举例说，威廉 · 考珀（William Cowper）是十八世纪一位知名的诗歌作者，他写过《宝血活泉》（There is a fountain filled with blood）等圣诗的歌词。 虽然他沉浸于圣经中，但他面对自己的忧郁症时写下："圣经中没有足够的话语能鼓舞我，没有有效的抚慰能触及我。"[1]

有忧郁症的人必须假设谎言的确存在，并视之为一种常态。

只要你与忧郁症搏斗一天，你就必须对这些谎言特别注意。你的目标不在于克服这些谎言；你的目标在于对耶稣基督有日渐丰富的认识。

认识基督。撒但的火力集中在一个重点：耶稣的真理。如果你对耶稣基督的正确知识持续增长，你就会赢得胜利。否则，你就会每天节节败退。

对基督的认识最完全的显现就是在十字架上——首要之事就是耶稣死而复活（参考《哥林多前书》十五章 3～5 节）。十字架向我们证明了基督之爱远胜于缺乏行动的虚情假意与同情。十字架向我们显明，基督之爱是超过我们所能理解的神圣之爱。如果我们会气愤上帝竟容许我们罹患忧郁症，那我们就应该记得，他的爱比我们所能明白的更为细致复杂。我们的怒气显示自己就像个幼童，以为自己知道何事对自己最有益处。

认识基督不只是属灵争战的核心，更是上帝一切计划的核心，这不足为奇。上帝高举基督于万有之上。当我们认识耶稣，尊荣耶稣，他就乐于多多赐福给我们：有更多的认识，更大的信心，更深的盼望，也更加爱主。这样，我们与忧郁症抗争就有了更好的装备。

认识耶稣如此重要的另一个理由是，世人存在的伟大目的就是愈来愈像耶稣。这就是上帝对我们的计划。这是上帝所能赐下的最丰盛的礼物，是他引领我们进入上帝家中的确据。如果耶稣经由苦难学会顺服，我们也要这样行。一条**无灾无难**的顺遂道路应该会让我们起疑惑，我们是否真正属于上帝?

我们的挑战是，要以上帝的心志为心志。换言之，我们必须完全颠覆现在的思考。我们曾经认为应不计代价地避免苦难；但现在我们必须了解，苦难是让我们更像耶稣的必经之路，这要比没有耶稣所获得的至暂至轻的安慰更加美好。当我们了解这个崇高的目标，我们就会发觉，苦难无法阻挡爱；苦难正是因为有爱（参考《希伯来书》十二章8节）。我们有种错误印象，以为神圣的爱不能与世人的苦难并存。这种思维就是撒但最有效的策略之一，一定要用恩典的福音加以反击。

在上帝面前谦卑自己。当你患有忧郁症时，会觉得自己的姿态已经低得不能够再低了，然而对基督的爱合宜而又有力的响应就是谦卑。谦卑与感觉卑劣并不相同。谦卑是在上帝**面前**卑微自己，接受上帝至高无上的意志。

谦卑代表明白“上帝凡事都不亏欠我”；“上帝非我仆，我才是上帝的仆人”；“上帝是独一真神，他有权凭己意而行”。

这就是约伯在属灵争战中，上帝赐给他的礼物。每当约伯想要质疑上帝时，**上帝**就会反过来质问约伯。听到全能创造主的质问之后，约伯终于在上帝面前谦卑下来。“我是卑贱的！我用什么回答你呢？只好用手捂口。”(《约伯记》四十章 4 节)当你对上帝的认识增长，你自然的回应就是谦卑。论及对基督的认识，面对如此强大的属灵回应，撒但将毫无招架之力。

开启重生之路

想想你对属灵争战的反应。你相信它正在发生吗？如果你相信，那你就走上正路了。圣灵正在你的生命中动工。

你现在需要采取一些步骤，投入这场争战中。你可以考虑读读《约伯记》三十八至四十二章。这些问题看似尖锐，但你要了解，这是犹太人的祖先对子孙的教导，而教导的背景就是爱。

你认为这章的讨论似乎无关紧要吗？若是如此，你要思考两个问题。第一，**你相信耶稣基督吗？** 如果答案是“不”，请你抱持开放的胸襟来认识耶稣。你怎能拒绝认识那位应许生命与盼望之神的机会呢？如果你不确定自己的信仰，你也应该敞开胸怀，认识耶稣。开放胸襟来认识耶稣吧，你在苦难中定能以独特、深刻的方式来认识耶稣。

如果你曾公开坦承你对耶稣的信仰，但现在却满心疑虑，你能分辨忧郁症与信仰之间的差别吗？别忘了，忧郁症让一切事物蒙上阴影，甚至连信仰也不例外。因此，信仰不再令人感到欢欣鼓舞。但这并不表示你不信或你不能信。你的职责就是信。耶稣说：“信上帝所差来的，这就是作上帝的工。”（参考

《约翰福音》六章29节)当有人对你提到真理,你就说:“阿们!”无论你有多么小信,请以“是的,主啊,我信”来开始你一天的生活。

另一个要考虑的问题是:**你真的想要改变吗?** 令人奇怪的是,有时忧郁症让你感觉像个老朋友。如果你能够选择,你一定不会选这个朋友,但现在,它已经成为你的朋友了,令你感到习以为常,感到可预期。你甚至可以从忧郁症本身找到自我身份认同。当你觉得自己除了忧郁症别无他属时,这就显得特别诱人。如果你并没有置身于我们一直讨论的属灵争战中,那有可能是你蒙骗自己。你只是做做表面工夫,然后说自己已经努力过了,其实你并没有。然后,当你隐身于绝望中,你仍能感到问心无愧。

这是一场争战。如果你希望自己有所改变,你必须愿意承担责任。

第8章 牢记

拿出一件有趣的玩具给一个小孩子看，然后迅速把它藏到你的背后。这表示你拥有某种神奇的魔力。至少在那个孩子眼中，你让一个真实的物品凭空消失了。

现在，再把玩具放到那个孩子面前。神奇魔术变变变！铁证如山，玩具又凭空出现了。

当然，你不能把这一魔术花样归功于自己。你只是利用了一个还在发育成熟中的大脑。非常小的孩子认为物品凭空消失了；稍大一点的孩子则会跑到你的背后，寻找被藏起来的玩具。但对大孩子而言，这只是一个游戏，不再神奇。这种现象被称为物体恒存（object permanence）——这是一种随着成长而获得的认知能力。我们从中明白，虽然自己无法看见某件被隐藏的物品，然而这个物品依然存在。

属灵现实即是如此。你听闻美好的信息，参加奉耶稣基督的名而聚集的崇拜，心灵深受感动，但片刻过后，却仿佛从未听闻一字半句，从未置身其间。你离开敬拜之时与你进入敬拜之时，并无改变——这是属灵痴呆症，心中无一丝回响。就仿佛我们还未成长到能够了解物体恒存的阶段，至少对上帝的认识而言，就是这种光景。

有了这层理解，圣经迫切要求我们记住上帝。在耶稣到来以先，圣经提供了许多帮助我们保存记忆的机制，像是每年庆祝上帝拯救以色列人的节庆，以及每日颂读的经文。自从耶稣受难又复活之后，上帝乐意日复一日，提醒你对他的记忆。如今圣经比以前容易获得，我们享用圣餐，领受圣灵。圣灵为主作见证，时刻引领我们举目向主。上帝显然很乐意以不同的方式，向我们表明他自己。

重复对某些人而言，就是一件事只要经历过、做过就可以交差了事，不必多想，除非有新的事物出现。然而对智者而言，记忆对灵魂是绝对必要的。记忆是已被淡忘的沉思艺术的一环，不仅是引发改变的关键，也是属灵争战的首要方法。

这是能引领你牢记上帝的一首《诗篇》:

耶和华啊，我从深处向你求告。

　主啊，求你听我的声音，

　愿你侧耳听我恳求的声音。

主耶和华啊，你若究察罪孽，

谁能站得住呢?
但在你有赦免之恩,
　要叫人敬畏你。
我等候耶和华,我的心等候,
　我也仰望他的话。
我的心等候主,
　胜于守夜的等候天亮,
　胜于守夜的等候天亮。
以色列啊,你当仰望耶和华,
　因他有慈爱,有丰盛的救恩。
他必救赎以色列脱离一切的罪孽。

(《诗篇》一百三十篇)

从深处求告

《诗篇》一百三十篇以一场卷入无底深渊的苦难作为开场白,这就是"从深处"呼求的意思。我们不知道诗人的苦难从何而来,因何而来,但是我们知道他感到死亡逼近。换言之,这位诗人了解苦难。

当他在死亡边缘挣扎时,《诗篇》作者可以有所选择:他可以选择为自己的悲惨处境呻吟,或是选择向上帝呼求。当然,《诗篇》作者具有代言人与向导的双重身份，他带领着我们向上帝呼求。

赦罪之恩

诗人是如何获得拯救的呢？ 上帝会替他击退敌人吗？ 上帝会为他带来医治吗？ 诗人需要强而有力的支援，他的需求迫在眉睫。 他感到自己危在旦夕，倘若救援迟迟不来，他只剩下片刻存活，遑论能有几日性命。

拯救已来临，然而一如往昔，上帝的拯救正以一种无法预期的方式到来。 乍看之下，这个救援不太中用。《诗篇》作者收到一个看似无效的援救： 他的上帝是赏赐赦罪之恩的神。

我们需要好好思考这个说法。 并没有任何证据显示《诗篇》作者因犯罪而受苦，那么，他如何能因知道罪得赦免而燃起希望呢？ 这个盼望如何能够解救他？ 这无疑是对生死困境敷衍了事的答案。 如果有朋友这么对你说，你**可能**会向他说声“谢谢”，但是下次，绝对不会再向他求救。 从需求的优先级来看，肉体的存活似乎要比属灵的激励更为基本。 然而《诗篇》作者的态度却很明确，他无怨无悔地将赦罪之恩当成一切难题最根本的解答。 就他的观点而言，有了罪得赦免，他已寻得丰富宝藏。

要了解《诗篇》对这件事的教导，我们必须相信，罪是生命的难题。 事实上，要能真心接受《诗篇》的带领，我们必须领悟到，罪是生命中最深沉的课题，其根源之深远，更甚于忧郁症。 罗伯

特 · 弗莱明（Robert Fleming），一位生活于 1630 年到 1694 年间，遭受迫害的苏格兰牧者曾说：“即使是在最悲惨的时刻，我们指责邪恶人心的理由仍多过指控邪恶世界的理由。”在平时不公开谈论罪的社会氛围下，想采取这种观点，还真需要一些努力。

下列问题能帮助你开始朝这个方向努力：

你相信看见自己内在的罪性是一件好事吗？ 正当你感觉自我价值已经低落到不能再低的时候，我们却开始讨论罪的问题。 何不干脆提早宣判你死刑算了？ 然而，和一般看法恰好相反的是，有罪其实是一件好事。 更具体地说，看见自己内在的罪性是一件好事，而好处有两点： 第一，人以为罪是与生俱来的，然而我们起初受造，乃是活在无罪之中。 返璞归真的人性—— 蒙受主恩的人性—— 乃是无罪的人性。 当然，相对于天堂的此岸，绝不可能诸事完美，然而当我们与罪性搏斗时，就能体会到上帝原先预设的生活方式。

其次，当我们看见罪，那就是上帝临近的确据。 揭示罪性的是圣灵（参考《约翰福音》十六章 8 节）。 我们对自己的罪欠缺洞察力，如果能看见罪，那你就有盼望—— 圣灵正在你的生命中动工，这是上帝爱的确据。

你相信犯罪是得罪上帝吗？ 让我们更进一步探究，虽然要承认自己有罪可能不难—— 孰能无过呢？ —— 然而要承认犯罪就是得罪上帝，就令人为难了。

有些过错，我们不会视为冒犯到个人。如果我们触犯了法令，我们不会认为自己侵犯了市议会、众议院，或是某个制定那条法令的团体。然而触犯圣经中的律法则更像是侵犯到个人，这种情况不像超速驾驶，反而和通奸罪较为类似。犯奸淫的人也许觉得自己只是放纵情欲，然而一旦奸情被揭露，他们才对自己的罪过恍然大悟。没错，他们追逐情欲，的确**冒犯**了自己的配偶。类似的状况是，我们没有察觉出罪是一种自觉的叛逆，会触怒上帝。我们无法马上看出每一条诫命其实都是出自上帝的本质，我们每次干犯诫命，都是对上帝不敬。这整个过程隐而未现，只有当圣灵光照我们的心灵，我们才能领悟每个人的原罪。

你相信在我们的想象、动机、思想以及行为中，都有罪的踪影吗？ 纵使我们能够安然度过一整天，不让旁人看见我们犯罪，但是在思绪与想象的层面，人却无法片刻无过。罪就在那里，在人心的层面，你会看见自私、骄傲、想被爱胜过想爱人、发怒、不饶恕人、嫉妒、发怨言、抱怨，对赦免我们的上帝毫无感恩之心。这一切过犯或可掩人耳目，然而对上帝而言，一切都显而易见。

你能够立刻指出自己现在的一些罪吗？ 让我们做个试验：你在自己现今的生活中看见什么罪？不要列举你在生活中常常办不到的事，试着列出你**目前**冒犯上帝的地方。从显而易见的地方开始：你无法打从心底爱人；你在乎自己的成功胜于在乎上帝与他的国度；你骄傲，论断他人。接下来，你还可以说出一些更具体的过犯。 如果连这点都办不到，那么《诗篇》对你就毫无意义。

《诗篇》作者明白个人的罪比所遭受的苦难更为深沉，更为重要（别忘了，如果诗人能写出圣经的《诗篇》，那他可是一位相当有道德的人士。 如果连**他**都认罪了，那么我们也应该认罪）。《诗篇》作者还明白，没有其他神明能够在犯罪者未经长时间忏悔的情形下就原谅这样的罪行，然而这位诗人的上帝，圣经所言的三一真神，对所有转而寻求他的人，并不计算他们的恶行。 诗人因而惊叹不已，他无法理解如此的爱，然而他满心感谢。

《诗篇》中并没有表明上帝如何原谅人的悖逆，然而我们却明白上帝如何成就此事。《诗篇》作者预见基督的十字架，在十字架上，上帝亲自担当他所造之物悖逆的刑罚。

> 为义人死，是少有的；为好人死，或有敢做的；唯有基督在我们还作罪人的时候为我们死，上帝对我们的爱就在此显明了。
>
> （《罗马书》五章 7～8 节，新译本）

如此洞见，令诗人无言以对。

盼望

爱能产生盼望。 在痛苦中，如果我们完全相信上帝的爱，就会有信心，确知我们必定得救。因此，我们在上帝里有盼望。我们能够长期等候，是因为我们确信，他听见我们的声音，他爱我们，他**终将**再来，他**终将**拯救。其实，他已经采取行动了。上帝对我们的爱鼓舞我们，让我们热切期盼与他同在。上帝的爱让我们相信他信守承诺，所以我们知道他终将再来。就是这两者——热切与信心——的组合，让我们产生盼望。

因为有爱，时间便以不同步调进行。雅各为了未婚妻拉结辛勤工作七年，“他因深爱拉结，就看这七年如同几天。”（《创世记》二十九章20节）相较之下，得忧郁症像是永无止境，是苦难的现在进行式：救援永远不会到来，清晨永远不会降临。

然而真相是，我们是漫漫长夜里守候最后一更的守望者。清晨四点三十分，我们曾见过无数次日出，我们热切等待，深信朝阳终将升起。我们所等待的日出为何？在《诗篇》一百三十篇所谓的“晨光”，指的是一个人。这个人带来许多益处，例如，医治、拯救和爱，然而，千万别弄错了，我们所等待的是一个人。我们等待**他**的到来，更甚于等待他带来的礼物。我们不像小孩子，热切等待回到祖母家，因为祖母准备了礼物，倒像是有婚约的情人，引颈期盼配偶在长途旅行后即将归来。光是看见这个人就心愿已足，无论他有没有带来礼物。

在此关头，要小心自己不会因《诗篇》作者而气馁。诗人的热情鼓舞人心，但其热情我们很难与之匹敌。如果你没有深受感染，别失望，要从谷底攀升，带着信心的盼望，这需要实际操练——把这首《诗篇》视为一段冗长学习过程的浓缩版。

上帝早已决定，许多美好事物需要来自百折不挠的坚持。检视你的生活，看看在学会某件事之前，你曾经如何持续努力不懈。在运动、嗜好、技能，甚至人际关系上，这些事情也都遵循相同的模式。所以不要期待盼望会应时而生，否则就会像是坚持在你第二次上钢琴课时就想弹奏莫扎特一样。盼望既是上帝的礼物，也是他要我们学习的技能。我要说的是，你也能拥有和《诗篇》作者一样的盼望。

鼓励别人

当你收到一件美好的礼物，应该会想去告诉别人，不会隐藏不讲。在这首《诗篇》中，一开始是一位孤立无援者的呼求，但最后他却向大众呐喊并宣告："如果我在主那里获得盼望和爱，你也可以；如果我在饶恕中获得喜乐，你也可以。"或是换成另一种说法："如果作为一名尚未得见基督降生的旧约《诗篇》作者的我，都能够带着如此盼望发言，那么你们这些已经见证过十字架救恩这个千真万确赦罪确据的人，又该多出何等的盼望呢？"

诚然，这席话也许仍然像个不可能实现的梦，但是你要记住，上帝亲自赐下这首《诗篇》，上帝正在重写你的故事。你或许觉得要自己重复前两节经文的呼求，不难办到，然而圣灵希望你活出

《诗篇》完整的故事。

这只是你所能拥有的众多《诗篇》之一，你可以拥有这首《诗篇》，而它可以成为你的未来。想想看，也许你觉得自己活得毫无目标，但试想，面对那些毫无盼望的人，你若成为一位盼望的使者，那将是如何一种景况。那些在忧郁症中挣扎的人，因为自身的痛苦经历，因为他们的盼望受过试炼，十分真实，因此就对别人特别具有公信力。当**你**向别人谈论盼望，你的话语将会既有说服力，又能吸引人。

开启重生之路

有时候，你得强迫自己进食。你不饿，不想吃东西，但是你知道自己必须要吃。现在就是强迫自己进食的时候，你的灵命健康有赖于此。

你并不习惯去做那些自己不情愿的事，如果你曾试过，那的确既别扭又很机械，缺少人情味，因为我们较习惯受自己的情感驱使。但是请相信我，这么做其实是**充满**人性的。当动物产生本能——动物本来的情感——就会受其主宰控制。但是你可以克服自己冲动的本能,凭着智慧与信仰行事。

如果这首《诗篇》适合你,就请牢记它,找出其中的重点,反复咀嚼,和别人谈论。反复练习,它才会成为你的。

你对牢记上帝的话语有什么计划呢?

第9章
目　的

我们赖以度日的，常常不过是些没有意义的小事情，能够靠着这些无意义的小事存活，还真叫人诧异：加薪百分之三、一双新鞋、一夜情、网交等等。当然，只有等到被忧郁淹没，我们才会开始想办法，从迷惘的人生中挖掘人生的意义与目的。后来你发现，人生不过如此，然后你的人生舞台霎时崩塌。

> 会有这种时刻，当我们的成就——那些我们在这个世界上发现自己价值的活动——我说，会有这种时刻，当我们的职业，我们的日常劳作——突然间看起来像是剧场的布景，瞬间分崩离析。一切有价值的成就瞬间化为乌有，然后我们以惊颤的心情，凝视物质世界的另一端，凝视那个我们一向认为饶富人生意义的灵界深处，却一无所见，全然空虚。[1]

忧郁症感觉像是零思考状态，但忧郁症却也是充满深刻见解的处境，因为你看出人生舞台不过就是一场戏。 几年前对你而言似乎充满意义、真实无比的事物，此时却成为一片假象。 欢乐离你而去，万事皆不长久，婚姻黯然无光。

这种洞见当然令人痛苦，并且让你觉得自己已赔上生命的代价。 然而如果你愿意，你所踏出的下一步，将是通往智慧之路的重要一步，许多明哲之士也走过相同路径。

> 传道者说，虚空的虚空，虚空的虚空，凡事都是虚空。人一切的劳碌，就是他在日光之下的劳碌，有什么益处呢？
>
> （《传道书》一章 2～3 节）

但这是传道者思考人生方式的开始，而非他的结论。

忧郁症宣称："你将无法在所做的事上发觉意义"，这是真的。但忧郁症没有告诉你的是，"继续寻找，你将寻见，你是带有君尊目的的受造者。"因此，你需要听听那些在你之前有过相同经历的人，他们会敦促你继续往前迈进，也会为你指出正确的道路。

敬畏上帝并遵守他的诫命

当你观察生活，倾听智者之言，你很快会发现，**生活与我们无关**。 这会让我们尊严受损，却不失为一种受欢迎的解脱。 我们根本无法将自己的盼望、梦想和爱完全投注在自己身上，因为我们本来就不应该承受这种重担。 就此而言，世上**没有任何事物**理当承受如此厚望。 受造的万物乃为上帝的喜悦而造，而非我们所能信靠的对象。 我们唯一的选择就是上帝自己。

《传道书》中的传道者企图替我们缩短寻找人生意义与人生目的的时间。 他告诉我们，他曾企图堆砌自己的人生，但并未奏效。他尝试学习，尽情欢乐，投入伟大的工作，纵情于性的欢愉，享受财富、音乐和子女，然而这一切都无法与人生目的相提并论，徒留失望。 他无法在被造世界中找到自己的意义。

在短暂眷恋于劳作、友谊、美食、美酒以及择善而从的寻常人生后，他终于找到自己的人生答案——他的人生目的。

> 这些事都已听见了。总意就是：敬畏上帝，谨守他的诫命，这是人所当尽的本分(或译：这是众人的本分)。
>
> (《传道书》十二章 13 节)

不要排斥“敬畏上帝”一词中“敬畏”这个字眼，这个字在圣经中比在我们认知中惧怕某人的涵意更广，意义涵盖敬畏、尊荣、崇敬、崇拜。 没错，在某种层次上畏惧上帝是应该的，但不是出于自己可能被定罪的恐惧。 如果你相信耶稣基督，那你将不致被定罪。 我们敬畏上帝，因为他是真神。 有时候我们把上帝想成是来驾驭、驯服我们的，但事实并非如此。

敬畏上帝是我们对上帝比我们尊荣且超凡入圣这个事实的回应。他的荣美、智慧与爱，无与伦比。还有，没错，他的愤怒更大。简单说，他是上帝，而我们不是。

在这个以柔软上帝的性情为时尚的年代，“敬畏”是一个很棒的补救之道。有时候当我们知道上帝之为真神，明白他的作为时，我们应该因畏惧而双膝颤抖。就像马丁·路德，他深信我们应该因为基督所受的苦难而胆战心惊，正因为那些磨难，让我们知道自己罪孽深重，理当受到那般严厉的审判。当然，他不只论及敬畏，他也深信我们应该因为认识上帝的爱而深受震撼，因为上帝的爱长阔高深，更甚于我们所知、所赋予的一切事物。[2]

敬畏上帝，持守上帝的诫命，让生命有一种素朴之美。他是造物主，我们是受造物，我们属上帝；他领路，我们遵行。我们来到他面前，问道：“你要我今日如何度过？”《诗篇》的作者甚至说，受苦对他有益，因为苦难教导他更加遵守上帝的律例，而这些律例正是他的喜乐（参考《诗篇》一百一十九篇 71 节）。

当然，圣经中上帝的律令为数众多，没有人能时时牢记全部，但是我们能轻易记住上帝诫命的总结：彼此相爱。这和人生的意义与人生目的有何相干呢？圣经中的每条律法都是对人生目标的启示。我们是至高君王的仆人，当他交代、吩咐我们当做之事时，他的吩咐就成为我们的目标。我们人生的目的就是，为他所制定的目标而活。

令人遗憾的是，我们当中没有多少人会因此大发热心。这样做似乎太简单了，而我们又太像一般的美国人，不认为服侍在上者是件好事。我们认为，为了自己的目标而活，更让人满足。但是你不至于这么肤浅，你了解《传道书》所言。你试过为其他目标而活，但它们无法满足你。你事先已经接到警示，我们身处属灵争战猖獗的地域，在最重要的事情上很容易受骗，所以必须步步为营。

让我们停下来稍作思考。一位大有智慧之人，就是《传道书》的作者，刚刚为你的人生目标做总结。他知道这个目标是你的生命之道，他明白人心真正的渴慕，他恳求你倾听他的结论，并采纳它们成为你的人生目标。

你愿意试一试吗？你如何能遵循上帝的命令呢？去爱人。有一位自己曾经历忧郁症、深具智慧的资深辅导员，以此来挑战其他忧郁症患者："好好打一场伴随忧郁症而来的属灵圣战，让你能够爱其他人。"这话听起来简单，但却是他多年经验的总结。

爱上帝爱邻人，以及其他目的声明

如果你熟读圣经，你会发现《传道书》所做的总结，以不同的形式呈现。

世人哪，耶和华已指示你何为善。他向你所要的是什么呢？只要你行公义，好怜悯，存谦卑的心，与你的上帝同行。

（《弥迦书》六章 8 节）

你要尽心、尽性、尽意，爱主你的上帝。这是诫命中的第一，且是最大的。其次也相仿，就是要爱人如己。

（《马太福音》二十二章 37～39 节）

唯有那借着爱表达出来的信，才有用处。

（《加拉太书》五章 6 节下，新译本）

这些经文所用的词藻不尽相同：敬畏主、相信他、爱他、存谦卑的心与他同行或者仰望他。而后，我们借着遵行上帝的诫命，彰显对上帝的委身。而这诫命的总结就是爱。这是人生真确的基石，偏离此道，人生毫无意义。

让我们再次伫足，想想你的回应。这些话语听起来很肤浅吗？仿佛陈腔滥调、空中楼阁？这些话语太简单了吗？还是这些话语虽然重要，却无法激起你的任何热情？仔细思考这件事情，和别人讨论。别以为你尝试过却毫无所获，你以为这已经过时，或是不相关，其实你的目标近在眼前：摆脱忧郁症。这个目标当然值得追求，但是不要把它摆到与你的人生目标相同的高度。

如果你心存怀疑，那就假设你的目标与上帝的目标并不一致，而你很可能并未如你以为的那般认真“尝试”过这个目标。虽然在理智上你可能明白自己的目标，但是立志追求是一回事，而在生活中实践又是另一回事。 事实上没有人能全心全意立志追求，更没有人能持之以恒活出这个目标。 所以，就让我们从坦诚认错开始做起。 告诉你在天上的父，你就像一名浪子，不断追求自我导向的目标，而不是追求以上帝为导向的目标。

还有另外一个事实就是，你可以成长，日复一日，有主的圣灵帮助你更新。 让在主里成长逐渐成为你的人生目标，当你这么做的时候，你就改变了。

荣耀上帝

圣经对我们的人生目标有许多见解，所以圣经中所使用的词汇也很丰富。 有一个特别好的词，就是**荣耀**。 我们受造乃为荣耀上帝。 保罗在《以弗所书》的起头，三次提醒我们，我们活着“乃是为了颂赞上帝的荣耀”(参考《以弗所书》一章 6、12、14 节)。

当我们想到荣耀，我们会联想到某件壮观、华丽、引人注目的事物。“今天的夕照何等辉煌”，“她的歌声何等优美”。 荣耀上帝表示我们在生活中彰显上帝，尊荣上帝。 我们彰显上帝的名声，希望别人注意到这位深爱我们且大有荣美的上帝，而我们借着仰望主、关爱周围的人来达成这个目标。

1646 年，超过一百位神职人员，应英国国王的要求齐聚一堂，总结圣经的教导，以适合用以指导教会。 在他们所发表的儿童问答手册中（这是一系列的问题和答案），第一个问题就和人生目的有关：人生的首要目的是什么？人生的首要目的是荣耀上帝，并且永远以他为乐。[3]

他们是对的，这就是我们的人生目标。这个目标无关乎我们自己，而是关乎上帝与他的目标。还有什么比这件事更重大、更宏伟呢？这可不是一件无关紧要的小事情。

基督的十字架

想要测试你所选择的人生目标的质量，那就要检验耶稣基督在其中所居的地位。我们敬畏、爱、赞美、崇拜等种种反应，都是来自对耶稣基督的认识。我们因耶稣基督所成就的事而荣耀上帝。

当你翻阅圣经，想找出人生目标宣言时，千万别错过使徒保罗所做的结论，因为保罗说这个结论是“首要”的。

> 我当日所领受又传给你们的：第一，就是基督照圣经所说，为我们的罪死了，而且埋葬了；又照圣经所说，第三天复活了，并且显给矶法看，然后显给十二使徒看；后来一时显给五百多弟兄看。
>
> （《哥林多前书》十五章 3～6 节）

如果你需要一个更简单的说法，保罗把这个结论简化为：“耶稣基督并他钉十字架。”（参考《哥林多前书》二章2节）这个说法在保罗自身的实践就是：“因我活着就是基督，我死了就有益处。”（《腓立比书》一章21节）圣经故事在基督身上达到高潮。我们自己的人生故事若想有任何永恒的目的，也必须聚焦在相同的结论上。

这有什么用呢？为何自找麻烦呢？答案就在耶稣基督已经被钉死在十字架上，且从死里复活。你无法找到比这更为完整的答案，在这个答案里，你发现自己蒙召，罪得赦免，被一个崭新的家族收养，赏以恩赐，授以使命，赋予未来。上帝赐下丰厚无比的爱，而这爱远超乎我们的想象，永远无法理解。

容我这样解释：在十字架上，基督亲自承担了你的不幸，并且把自己复活且充满盼望的生命赐给你。我们承袭基督的胜利，获得基督的生命，也得享他从父神那里所享的慈爱。当你相信耶稣基督，一切就都改变了。有些人认为这只是一张天国的入场券，但它其实有着更深的涵意。耶稣基督的宝血对未来**以及**现在都有益处。我们凭信得入君王之家，享有一切权利和特权。起初你可能会觉得自己像个陌生人，不隶属于君尊之列，但是当天父不住地向你保证，基督的十字架已经成全了你的收养证明，你终将看到环挂在皇室各处墙上的照片，承认照片中的皇室成员的确是**你的**亲人。你会承认上帝既是**你的**神（参考《诗篇》六十三篇1节），也是**你**在天上的父（参考《马太福音》六章9节），上帝不是一位只希望获得万民景仰的君主。

佩戴上帝儿女的印记

敬畏上帝，遵守他的诫命，爱上帝爱人，荣耀上帝，“因我活着就是基督”——这些都是人生目的宣言，这些宣告是提醒自己真正身份的方式。人受造成为有君尊的上帝的子民，本应带着父神清晰可辨的性情。我们的目标在于，要配戴上帝儿女的印记。而上帝的律例描写的正是万王之王的性情，好让我们能效法他。

然而在每个人的内心，都有着浪子蠢蠢欲动之心，我们想要自行其道。即使我们失落无助，我们心中仍旧希冀毫无目标的游荡多过于想要像儿女般效法与顺服。十字架是上帝在寻找悖逆的子女，十字架是上帝呼唤子女归家的邀请。

“所以你们要成为圣洁，因为我是圣洁的”(参考《利未记》十一章44节，十九章2节，二十章8、26节)。“所以，你们该效法上帝”(参考《以弗所书》五章1节)，“行事为人就当像光明的子女”(参考《以弗所书》五章8节)，“你们当以基督耶稣的心为心”(参考《腓立比书》二章5节)——这些都是耳熟能详的经文。研究认识耶稣，那初熟的果子，以及你的上帝，且凭着信心效法耶稣。

唯有万灵的父管教我们，是要我们得益处，使我们**在他的圣洁上有份**。……后来却为那经练过的人结出平安的果子，就是义。

（《希伯来书》十二章 10～11 节）

圣经中有一段经文，常被用在一切与苦难相关的事上，那就是《罗马书》八章 28 节：“我们晓得万事都互相效力，叫爱上帝的人得益处，就是按他旨意被召的人。”你所受的苦如何有可能以任何形式叫别人得益处呢？ 答案就在下一节。 这益处就是，我们“效法他儿子的模样”，这就是我们预定该做的事，是我们的人生目标。当你越来越清楚自己的人生目标，你在忧郁症中的经历就将得到改变。

提摩太 · 理查德（Timothy Richard）在他于 1916 年所著的《在华四十五年》（*Forty-Five Years in China*）一书中写到，中国帮派企图控诉基督徒，他则拿起一本为某些传教士医师所用的外科手术教科书作为反证，“他认为，若忽略了手术的人道目标，那么外科手术可以被当成基督徒是残暴者的证明。”苦难是上帝的外科手术，当我们以信仰来回应苦难，上帝的外科手术将会为我们带来健康。

开启重生之路

你想看见圣灵在你生命中的踪迹吗？当你说:“何必这么麻烦?”我的回答是:“因为耶稣。”许多时候,我们的生活与上帝的律法相符,因为上帝的律法的确有其意义。当我们说诚实话,饶恕人,爱人,不损害他人时,日子常会过得比较顺利。但有时我们的欲望与上帝的期望不符,我们想这样做,但上帝却要我们那样做。有时我们觉得自己欲振乏力,但上帝却呼召我们开始行动。在这种时刻,信心与圣灵的动工清晰可见。

C. S. 路易斯在一场想象两个魔鬼的对话中有这样的看见:

> (大榔头警告小蠹木,)我们的使命最危险的景况就是:当一个人并不渴望成就我们对头(上帝)的旨意时,却仍然按他的旨意而行;当这个人遍观寰宇,上帝却渺无踪影,而质问上帝为何离弃他时,他却依然顺服上帝的旨意而行。[4]

何为效法？何为顺服？自从耶稣道成肉身,从此世人的日常生活就有了无比的尊严，我们应该预期，这个目标导向的信仰相当寻常。对某些人而言，信仰代表“执行上帝的下个指令”，迈步向前。信仰的展现就是借着和别人打招呼，对人嘘寒问暖，为人祈祷来服侍上帝、服侍人。信仰就是问：“上帝啊，你今日要我做什么？我愿意。”

你的人生目的为何？

第10章 忍 耐

忧郁症叫你“投降”。这听起来残酷无情，但很多人都照办，因为即使知道自己的苦难带有某种目的，但这场战争真的延续太久了。“我无法告诉你，我有多么讨厌这性格重塑的经验。”一位多次遭受忧郁症侵袭的作家这么说。[1] 如果忧郁症的侵袭只触及生活的某个层面，或许还可以应付。但是当忧郁症无所不在，再微小的作为都不罢休时，“投降”似乎无可避免。你可以推迟投降的时间表，但你无法躲避投降。

在圣经中，“投降”这个字眼直接把你同“坚持，在试炼中忍耐”联系起来，这听起来简直无法让人松口气。“继续努力”，“坚持下去”，“你一定办得到”，这些都是亲朋好友会说的一些老掉牙且毫无帮助的安慰。好像他们已经词穷，只好给你一些“打气的话”，免得无话可说。

即使当上帝亲自呼召你，要你忍耐，这听起来似乎也好不到哪里去。上帝的呼召**的确**具有权威，好似将军下令麾下的军队，在面对比自己更为强大的敌军时，继续勇往直前。但是这听起来还是有点空洞。

然而我们要再次牢记，我们无法躲避上帝，一切人生路径都指向他。如果你极想躲过他所下的这道旨令——忍耐，要记住，他是生命的源头。上帝的话赋予生命，他口中的言语有着惊人的荣美与尊贵，有着无上的价值。换言之，忍耐中蕴含着超乎你所能想象的价值。

上帝的忍耐

如同圣经中的许多律令，“忍耐”不只是上帝的话语，也是上帝的作为。忍耐是上帝诸多属性的一环。而忍耐饶富意义的原因在于，这是上帝亲自对我们显现的主要方式之一，经文中不断提到上帝对他子民的忍耐与宽容。

> 主所应许的尚未成就，有人以为他是耽延，其实不是耽延，乃是**宽容**你们，不愿有一人沉沦，乃愿人人都悔改。
>
> （《彼得后书》三章 9 节）
>
> 然而，为了你的缘故，我**忍受**辱骂，满面羞愧。
>
> （《诗篇》六十九篇 7 节，新译本）
>
> 愿主引导你们的心，叫你们爱上帝，并学基督的**忍耐**！
>
> （《帖撒罗尼迦后书》三章 5 节）

仰望为我们信心创始成终的耶稣(或译：仰望那将真道创始成终的耶稣)。他因那摆在前面的喜乐，就轻看羞辱，**忍受**了十字架的苦难，便坐在上帝宝座的右边。

(《希伯来书》十二章 2 节)

忍耐只有在艰巨的状况中才需要，而我们真的是让上帝难以管教的子民。我们的造物主为了他自己而创造我们，但我们经常以冷漠，或是像青少年一样要求独立的方式来回应他。从一种更个人化的角度来说，我们是上帝所爱的，但是面对上帝奇妙与丰盛的爱，我们却追求其他的爱人，而这些爱人最终都抛弃了我们。在这种景况下，上帝对我们展现出无比的宽容。

我怎能放弃你！我怎能把你交给别人！我已回心转意，满是怜悯。我止息心中熊熊的怒火，因为我是上帝，不是世人—我是你们中间的圣者，我必不含怒而来。当耶和华发出狮子般的吼叫；他的子民将会归来。

(《何西阿书》十一章 8～10 节，意译)

使徒保罗特别强调上帝的忍耐、宽容与伟大。作为一名逼迫耶稣门徒，甚至乐见门徒受死的人，你想世上最不可能被上帝使用、成为最具影响力的宣教士，就是保罗。

然而，我蒙了怜悯，是因耶稣基督要在我这罪魁身上显明他一切的**忍耐**，给后来信他得永生的人作榜样。

（《提摩太前书》一章 16 节）

所有关于忍耐与宽容的教导都源自上帝的性情。 正如我们爱，乃因上帝是爱，在我们认识他以前，他已经先爱我们了。 所以我们忍耐，不是为了自己，乃是为了回报上帝无比的忍耐，他对我们的宽容，亘古长存。

在每天的生活中忍耐

如果你懂得农作物或是园艺，你将更能体会什么是忍耐。 农夫播种以后，地上不会很快长出玉米。 当你栽种果树，细心呵护葡萄藤，在你能够真正品尝果实之前，大概得等上好几年。

当你决定学小提琴，在它缓缓奏出贝多芬的练习曲之前，有好长一段时间，这个乐器只会制造尖锐刺耳的乐音。 如果你拥有某方面的才艺，那都是凭着忍耐做到的。

众所周知，孩童都不擅长等待，不擅忍耐。

“我们什么时候才会到奶奶家？”

“很快就到了。”这个典型的回答通常无法让孩子感到满意。

“妈妈，你什么时候可以陪我玩？”

“等一下，等我把这个报告写玩。”十五秒后，孩子又问一次相同的问题，只是这次他所用的口吻会惹你生气。

但是我们的内在都有这种孩子气。我们也很期待自己学会在上帝面前忍耐的日子到来，那会是一个更臻成熟、更具智慧的人，能够平静承受人生许多的风雨，不发怨言，知足而非宿命。

上帝已经决定把他恒久忍耐、等候的性情注入我们每天属世的生活中。我们正耐心等候基督再来的日子。所有的受造物都在耐心等候从辖制中获得释放的时刻（参考《罗马书》八章22节）。

> 弟兄们哪，你们要忍耐，直到主来。看哪，农夫忍耐等候地里宝贵的出产，直到得了秋雨春雨。
>
> （《雅各书》五章7节）

上帝早可以在耶稣升天之后，即以末世引领我们，但是因为种种更大的考虑，他选择耐心守候。

在苦难中忍耐

虽然在忍耐中成长的机会天天都有，但苦难让忍耐的功夫更显得必要。

> 不但如此，就是在患难中也是欢欢喜喜的，因为知道患

难生**忍耐**。

（《罗马书》五章 3 节）

我们既有这许多的见证人，如同云彩围着我们，就当放下各样的重担，脱去容易缠累我们的罪，存心**忍耐**，奔那摆在我们前头的路程。

（《希伯来书》十二章 1 节）

因为你们的信心经过考验，就生**忍耐**。

（《雅各书》一章 3 节，新译本）

看哪，**那些忍耐的人，我们称他们是有福的**；你们听过约伯的**忍耐**，也看见了主赐给他的结局，知道主是满有怜悯和仁慈的。

（《雅各书》五章 11 节，新译本）

正因这缘故，你们要分外地殷勤。有了信心，又要加上德行；有了德行，又要加上知识；有了知识，又要加上节制；有了节制，又要加上**忍耐**；有了**忍耐**，又要加上虔敬。

（《彼得后书》一章 5～6 节）

如果连耶稣都得经由他所受的苦难来学习顺服与忍耐，那我们为什么认为自己的人生会有所不同？ 在我们的痛苦挣扎中，我们有机会效法上帝忍耐的性格。 困苦的景况是为了让我们的灵命更新，“使我们在他的圣洁上有分”（参考《希伯来书》十二章 10 节）。

因此，当上帝鼓励我们忍耐，他不是用那些言辞来敷衍我们，而是为了教导我们如何能更像他。

有了跟上帝性情的连结，忍耐不但非比寻常，而且满有荣耀光辉。让我们花点时间思考。或者我们可以这样说，你听见某人的见证，她说她一直郁郁寡欢，直到有一天上帝完全医治她。对此，她当然欣喜若狂，然而是否有可能说，她的信心仅在于得到医治，而不是在于那位爱我们、饶恕、忍耐并医治我们的上帝呢？

现在让我们再思考另一位经历严重忧郁的妇人。她的见证是，她相信上帝的恩惠，无论她的忧郁症得到医治或是再度复发，她已学会在困境中忍耐，并且在困境中、在上帝里面找到满足。**这**就是一个荣耀上帝的见证。

忍耐不似昙花一现般耀眼，忍耐是一步一个脚印的平凡。在忍耐的表象下，寓意深远，但鲜少有人能看见它的荣耀（参考《启示录》二章 2、19 节）。你越来越有上帝的性情，上帝都看在眼里，而且他引以为乐。

忍耐不是被迫聊度余生直到自然死亡，而是在信靠顺服中忍耐。忍耐是：即使在万难中，仍在上帝所定的目的中忍耐。忍耐所求的是："今天我要如何成为上帝的代言人？我如何能够顺服地信赖上帝，追随上帝？"忍耐也需要有朋友协助，向主祈求，并且寻求爱人的机会。忍耐看似软弱，但我们的信心乃是在大能的上帝身上。忍耐的本质在于**因耶稣**而信靠和顺服。

在争战中忍耐

你原以为人生是一条**坦途**，但现在看来，人生却更像一个战场。撒但的计谋就是要让你疲惫不堪。今天你牢记十字架，但撒但却安然等待明天，如果它无法击败你（因为上帝为你争战），撒但就会试着比你更善于等待。在漫长的争战中，你所需要的正是忍耐的功夫。

保罗告诉提摩太："你要和我同受苦难，好像基督耶稣的精兵。"（《提摩太后书》二章3节）马丁·路德把忧郁称为**抗争**（anfechtungen），就是**要争战**的意思。这是多么完美的用词！相对于把忧郁症解读成"必须举白旗投降"，这是争战的呼声。钟马田（Martyn Lloyd-Jones）是一位英国籍的医牧，他对忧郁症用心深思。他在一次像巴顿将军那般雄辩滔滔的演说中谈到忧郁症。我们必须以作为一位拯救灵魂的医者，从期望听众有最大收获的角度来聆听他的演说。

> 你必须掌管自己……必须振作起来，责备自己，谴责自己，激励自己，告诉自己："你在主里有盼望"——而不是以绝望、不快乐的方式，喃喃抱怨。[2]

有智慧的心理辅导员告诉我们，我们必须和忧郁症展开对话——挑战忧郁症——而不是任凭其处置。在忧郁症里，如果提及上帝的名，那我们常常听到的是：“上帝根本不在乎。”而我们对此的回应是：“我们当仰望上帝，在上帝里有盼望。”

我的心哪，你为何忧闷？
　为何在我里面烦躁？
应当仰望上帝，
　我还要称赞他，
　我的救主、我的上帝。

（参考《诗篇》四十二篇 5～6、11 节）

这里又提到“仰望”，仰望是忍耐者的良伴。

在漫长战役的硝烟中，统帅会给予将士们鼓舞与盼望的言语：

你们是世上最精良的军队，我们眼前的战役虽然艰苦，免不了伤亡，但你们终将获胜。不要忘记你们投身战场，是因为你们抱持神圣使命——你们肩负重任，你们乃为民主自由而战！你们乃为国家而战！

给予将士们盼望，目的就是要激励军队坚韧不拔。上帝的话语每天给予我们鼓励。 事实上，圣经就是给我们继续争战的方法。

> 从前经上所写的，都是为教训我们而写的，好使我们借着**忍耐**和圣经中的安慰得着盼望。
>
> （《罗马书》十五章4节，新译本）

你的盼望就是，上帝听见我们的呼求，看见我们忍耐的价值，并赏赐那寻求他的人（参考《希伯来书》十一章6节），上帝赐福那些忍受试炼的人（参考《雅各书》一章12节），他信守应许。 当你开始定睛在那位肉眼看不见的耶稣身上时，你就得着盼望（参考《希伯来书》十一章27节）。

听起来难以置信吗？ 如果你无法激起盼望，那你并不孤单。 当约伯说："我有什么力量使我能等候呢？ 我的结局是什么好叫我忍耐呢？"（《约伯记》六章11节，新译本）这话不是没有道理的。 但即使万念俱灰，约伯依旧寻求他的上帝。 所以，你起码要做到，寻求上帝。

如果这样似乎仍是奢求，只要有需要，你也可以借助于别人对上帝的盼望。 想想亚伯拉罕、摩西、约瑟，以及诸多明白上帝有着美善计划的信心勇士（参考《希伯来书》十一章）。 让朋友和家人为你朗读经文。 让他们告诉你，他们对耶稣基督的盼望与信心。

争战有许多不同的方法。 向满有宽容且赐忍耐安慰的上帝呼求（参考《罗马书》十五章5节），他会回应你的呼求。

开启重生之路

这里有一幅图像，里面列有忍耐的要件(见下图)。你开始发声:“主啊，能力属乎你，……主啊，慈爱也属乎你……”(参考《诗篇》六十二篇 11～12 节)，或是倾听上帝对你说:“我爱你，我是大能的上帝。”由此再移至盼望与目的，这会带领我们到达忍耐的阶段。然而我们并不停顿在此，忍耐与长久等候会让我们发现上帝的恩典，对上帝的爱与大能有更深的认识。这将会让我们对人生目的有更多的体会，对上帝产生更大的信心，将我们送达忍耐的新境界。

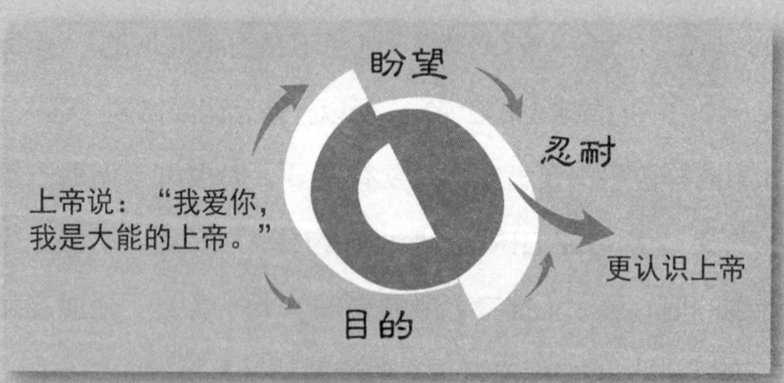

忍耐的新境界

如果你觉得无法忍耐,也许是你省略了某些必要步骤。所以,再次回想上帝是谁,也要清楚表达你人生的目的与盼望。如果忍耐仍显得难以掌握,你可能需要思考,自己是否已经得着忍耐。例如,你是否或多或少能够接受本书截至目前所叙述的内容?这就是忍耐的证据,而这要比你能想象的更为美妙,上帝对此欢喜异常。如果你需要更多证明,问问朋友,看他是否在你身上看见忍耐的痕迹。

还是无法迎战吗?要记住,上帝为你预备伙伴,所以你无须孤军奋战。当你感到筋疲力竭时,你要寻求协助。教会的功能就像是参加摔跤比赛的接力团队,你只要靠近绳索,触摸另一位成员的手,他们的忍耐功夫就可以为你代劳。

第二部

倾听忧郁症

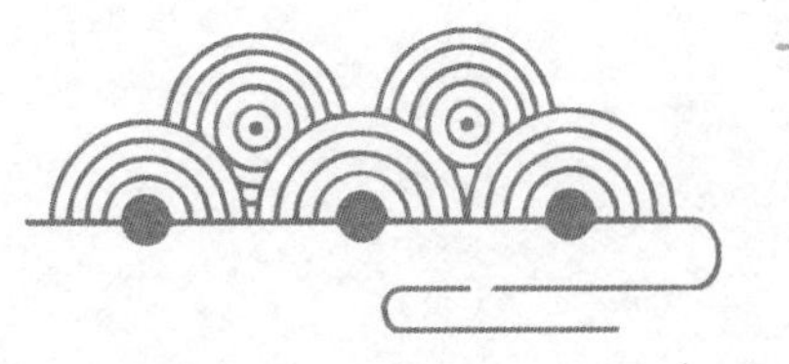

“你要保守你心，胜过保守一切，因为一生的果效，是由心发出。”

（《箴言》四章 23 节）

第 11 章
忧郁症的成因：他人、“亚当原罪”和撒但

现在让我们更仔细地倾听忧郁症。就像一切情绪反应一样，忧郁也是一种语言。

罪恶感告诉我们：“我错了。”

怒气告诉我们：“你错了。”

恐惧告诉我们：“我身处险境。”

忧郁也带有讯息，只是忧郁症的讯息通常不单纯，不像有些感受清楚而不含混。忧郁的语言比较隐晦，也许要借由某种解读才能为人所了解，然而这种努力很有价值。

重建忧郁症的历史

情绪有其历史，尽量把这种复杂的过程简化，由此来看，情绪的历史有两种组合：（1）外在环境，也包括生理问题；（2）信念、灵命归属，以及自己对外界事物的内在解读。这两者之间长期的交互作用就是忧郁症的导因（见下图）。

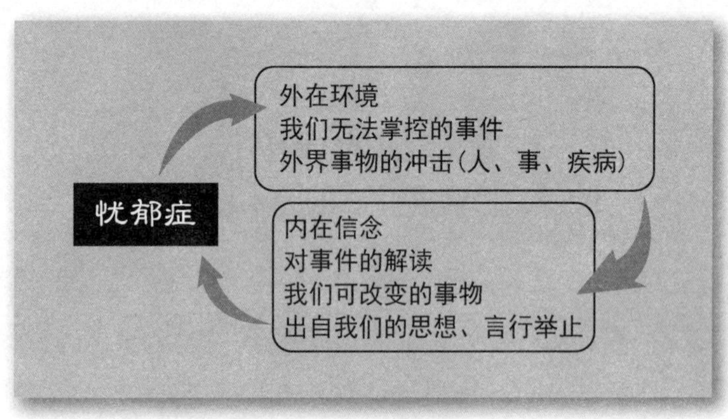

忧郁症的发生

把这样的交互作用记在脑子里，挑战我们去研究它。忧郁症不会无缘无故产生，虽然我们已经发现知道原因并非必要，但我们仍会试图寻找忧郁症的原由。比方说，你的车子在路途中抛锚，前不着村，后不着店，你也没有电话。固然上帝会赐下恩典，让你凭信心度过难关，但是，这当然不表示你无须打开引擎盖瞧瞧。即使对车子一无所知，你也会和一般人一样，动动电线，检查引擎。

对有忧郁症的人，上帝赐下恩典，让我们在患难中度过每一天，上帝也赐下恩惠，让我们能更仔细地检视忧郁是怎么一回事。

倾听，跟着这些标记，直到被他们带领到特别重要之处。也要留心你的行为。有时我们的行为可以更精确地反映出真实发生的事。举个例子来说，如果你爱某人，但你从没跟他说过话，那么你的行动也许会比你的言语表达更为明确。

让我们从外在环境开始检视。即使特定事件与忧郁症的关联，事隔多年后已逐渐褪色，但忧郁症通常能指向特定的人和事——离婚、一场严重的车祸、受虐的过往，这只是略举数例。也许单一事件不能承担一切责任，但是它仍有可能因为是首发事件，或是因为情况很严重，而成为重要原因。它有可能强化了你的某种人生取向，也许历时数年后，终于导致忧郁症。

外在环境的基本分类有：他人，自亚当以来上帝对受造物的共同咒诅，以及撒但（请参照第四章）。

他人

他人是最容易被指出来的原因。不管是受虐的过往或是新近受到排斥，他人为我们的人生带来的痛苦最多。虽然这个关联通常很明显，但因时过境迁，或是习以为常，让我们有时无法看清这些过错的严重程度，使得这个原因变得很难指认。

现年三十八岁的琳达说，她家境优渥，但她的忧郁症却糟透了。她的丈夫爱她，儿女健康，在基督里长进，每月付完家用账单后尚有余钱。她回顾过往，似乎也蛮顺利，没有什么波折。她在一个富裕家庭中长大，父母婚姻健全，双亲教导有方。

琳达说她童年的家井然有序，父母对孩子有明确的教导，对孩子的期待也很清楚，这让琳达感到“有安全感，被爱”。然而，当我们请她说得更仔细时，琳达所叙述的父母的期望却很过分，让人感到压抑沉闷。 举凡儿女的成绩、未来的职业、儿女配偶的条件、儿女的穿着、从小学到研究所就学的决定—— 这还只是她父亲管控的一个小范围。 眼泪当然代表软弱，自主的选择则绝无可能。 但奇怪的是，琳达似乎对这些无动于衷，仿佛她的过去既美好又正常。

当你询问琳达罹患忧郁症的病史，她平静地叙述说，在她十三岁时，“因为毫无饥饿感”而住进一所精神疗养院，从那时起她就开始吃精神科医师所开的药，只有怀孕和医师换处方期间除外。

住在一个由父亲界定对错，且丝毫不许犯错的世界是何种光景？ 住在一个所有细节都受到控制的环境中是什么样子？ 直到今日，只要是权威人士发言，琳达似乎就变得目光呆滞，卑躬屈膝，即使别人的要求不合上帝心意，琳达也从不加以质疑。

所以说，忧郁症以一种诡异的方式去配合琳达的需要，迟钝与麻木让她无须生活在悲伤与悔恨之中。 她觉得自己无法清楚地思考事情，所以对外在权威无所质疑。 所有屈服和顺从的行为导致她失去个人的主体感，丧失自我认同。

找到这些连结点，对琳达而言是重要的开始。 她开始看出自己现在的情感与她过去成长的家庭生活模式，在某些方面大有关系。 一旦识破这层关系，琳达与上帝关系中的某些问题就可以被指正出来。 在她的信仰实践系统中，潜藏着某些重大谬误。

当你与某位正在经历痛苦的人为伴时，你会发现，人为因素通常是艰难处境的一环。痛苦通常与发生在我们身上的某件事有关。这些事重要吗？上帝关心吗？上帝掌管历史，掌管每个人的人生，这让每个人的过往境遇**更显**重要，而不是微不足道。在我们身上所发生的事情并非一系列偶发或互不相关的事件。

亚当与受造物的咒诅

当亚当犯罪后，过去被上帝祝福、被上帝称为“极好”的一切受造物，全部沦落到被审判的境地。突然间，工作变成劳苦重担，人际关系紧张，肉体会受疾病侵袭、会老去，死亡阴影的笼罩更胜过一切。甚至连气候都不再宜人，原先期待雾气上腾盈满大地，滋润繁茂的花园，取而代之的却是干旱、台风、飓风、洪水和地震。这些都在告诉我们，即使地球也因罪受苦。万物不再美善。

肉体的病痛。肉体衰败是忧郁症的可能原因之一。把这个因素归类于外在环境，显得有点突兀，因为肉体**等同于**我们自身。然而，人不只拥有肉体，肉体与其他外在环境，有许多共通之处。最明显的就是，外在因素多数无法由我们控制。我们对外在环境不尽满意，却无能为力。从这个观点来看，日渐衰残的肉体也是我们会遇到的难题之一，是生命中的某种处境。

外貌、慢性疾病、化学物质失衡，都只是造成忧郁症的重要生理因素中的部分原因。

终生劳作。 自从罪污染了这个世界以后，咒诅也使得世人徒劳无功，工作愈发艰难。 你花多年时间整建的房屋，有一天你把房子卖了，却眼见下一任屋主把房子拆毁，盖了一所更现代化的房屋取而代之。 你整日输入数据，但一直避免去想它在整个计划中是多么无关紧要。 在咒诅之下，工作从快乐变为愁苦。 的确，有时上帝最初的旨意被打破，我们在辛勤工作中获得满足（即使这并不能改变历史的轨迹），但是劳苦的命运却并未远离我们。

把工作视为毫无意义经常是忧郁症的一环，然而，这通常是忧郁症的征兆，而非忧郁症的成因。

死亡。 死亡是最糟糕的咒诅。 你挚爱之人死去了，离开了你，并且你将会失去更多你所深爱的人，而爱你的人也终将失去你，死亡绝不是件好事情。 如果你所认识的人里面有人因心脏病突发身故，你就没有机会和他们道别。 如果你所认识的人罹患慢性疾病，诀别之日则较可预期。 若疾病让所爱之人好似变了一个人，你会和他一起遭受折磨。 死亡真是个永不松手的敌人。

有人说忧郁症患者乐见死亡到来，然而，他们所乐见的其实不是死亡，而是精神上的痛苦得以解脱。 死亡本身与众人为敌，我们有极好的理由认定，死亡更像是引起忧郁症的原因，而非忧郁症所导致的后果。

特别是在我们不借由耶稣基督死而复活的观点来认真诠释死亡的时候，死亡让我们感到绝望无助这种说法**难道**不是很真实吗?

死亡让一切事物变得毫无意义。我们为何工作？为何爱？我们为何要追逐欢乐？一切都是这么短暂，死亡吞噬一切。死亡的潮汐冲刷掉希望所留下的足迹。

倒不是说我们需要时时刻刻想到死亡，现代社会叫我们对死亡敬而远之，我们也尽一切可能来回避死亡。医生使用一长串委婉的说词，像是“过世”“安息”来替代死亡。喜剧演员擅长议论人性的弱点，但他们不会轻易触及死亡，除非他们能够很快呈现出天使和天堂的形象。我们或许不会有意识地想到死亡，但可以肯定地说，除非死亡这个敌人遭受迎头痛击，否则一切人世的不幸境遇中都有它遗留的痕迹。

抗老化的乳液、对青春的崇拜、将老年人边缘化、“无所不在的莫名焦虑”、恐慌症、A 型人格、无聊、过度注重健康、医生拥有崇高的社会地位、无目标、绝望、恐惧—— 你会发现死亡以及害怕死亡正是这些事情背后的原因。

撒但

撒但是忧郁症的另一个外在因素。我们已经注意到，它最无情的攻击就是，质疑上帝的大能和上帝对我们的爱。但是，撒但的大部分工作都是通过战略伙伴结盟完成的。与咒诅结盟，他显然可以影响气候（参考《约伯记》一章），制造疾病；与人心结盟，他导致种种压迫、谋杀，以及不人道的行径。撒但**何时**会成为这些罪恶的帮凶，我们无从得知。即使没有撒但的助力，万物所受的咒诅，加上我们对罪的倾向，也会影响我们，所以我们真的无法分辨，来自各个方面的影响究竟有多少。这就是为什么当忧郁症持续时，我们不会随口说出“这是撒但的作为”这种说法。

必要却非充分的条件

为什么有些人遭遇逆境会被卷入忧郁症中，但其他人却不会？这是因为这些处境本身并不会导致忧郁症，虽然这些外在环境对忧郁症的周期发作通常是**必要条件**，但却非**充分条件**——换言之，光是逆境无法让你郁郁寡欢，这些环境必须和一个内在的信仰体系，或是和一个诠释观点连结，才能让你跌落忧郁的深渊。即使是化学物质失衡，要演变成伴随着无助与自责不断的忧郁症，也必须加上其他辅助才有可能。

我们都认识一些经历过最悲惨境遇却仍满怀盼望的人。“我们四面受敌，却不被困住；心里作难，却不致失望；遭逼迫，却不被丢弃；打倒了，却不致死亡。”（《哥林多后书》四章8～9节）有些人能够避免坠入忧郁症的深渊，因为他们生性稳健；有些人在他们刚开始陷入低潮时，就因他们对上帝的信靠与信心托住了他们。

开启重生之路

回顾各种导致忧郁症的原因，实在无法让人振奋，但是倘若可能，写下几项最显而易见的原因。这样做能提醒你，忧郁症通常有其渊源。

第 12 章

忧郁症的成因：文化

影响忧郁症的因素很多，圣经中提到忧郁症主要的影响来自他人、撒但以及亚当原罪所带来的咒诅，圣经中也提到许多特定的例子，像是父母、老师、朋友、身体健康状况、贫穷、魔鬼等因素。忧郁症朋友还提到月相变化、子宫的压力、臭氧层的变化以及饮食和锻炼，也许他们部分是正确的，甚至有一些的影响会大于其他的。

过去二十年来，研究忧郁症的专家观察到，忧郁症的病例有增无减。 1950 年后出生的人，罹患忧郁症的比例高达 1910 年以前出生的二十倍。[1] 就像其他统计数字一样，这个数据虽然可以被虚构来配合不同议题的诉求，但一般的共识是，过去三代以来忧郁症病例有增无减。 当然，我们要问的是，为什么会这样？

现今最普遍的忧郁症理论是生化假设，认为忧郁症是脑部缺乏血清素的后果。 然而，对于这种基因假设与忧郁症罹患率遽增的现象，却没有人能提出互不矛盾的解释。 相反的，对忧郁症的最佳解释指向某种由我们自己塑造而成的文化变革，这种文化变革正回过头来试图改变我们。

文化提供一个让我们检视自己也观看世界的途径。 只要有人聚集的地方，文化就孕育而生。 因此，家庭、学校、不同的教会宗派，都有自己独特的文化。 文化统管有关礼仪、传统、人际关系等不成文的规范： 该如何组织家庭聚餐、节庆方式如何举办、崇拜时应双手高举还是屈膝敬拜、人与人打招呼的方式等等。

然而，借由文化所传播的是圣经中所谓的**世界**。 这个世界是上帝为人创造的居所，它为上帝所造，原为美善，但是世界成为人的居所后，也留下犯罪的烙印。 因此在新约圣经中，**世界**一词被用来指称不合上帝心意的事理。 就这层意义来看，世界大体是堕落败坏的（参考《彼得后书》一章 4 节），以愚昧为智慧（参考《哥林多前书》一章 20 节），且又错将上帝的智慧解读为愚拙（参考《哥林多前书》一章 23 节）。

这个世界可以被定义为“肉欲团体”（corporate flesh）[2]，人的罪性仿佛齐声唱和。 如此看来，这世界其实是由人所肇因的模式和架构组成的，**我们**自己应当对文化中，比方说，放纵肉欲的现象负责。 不过另有一种感受就是，这世界也是人的**网罗**。 即使我们不想助长自己耽溺肉体的天性，这世界却灌输我们某种讯息，那就是纵欲是好事，因此也更助长了我们内心罪的倾向。

承认世界乃独立于我们之外这个事实，能强化自己必须面对属灵争战的认识。我们不只要对抗自己的罪性，还得对抗那种引诱我们犯罪、对罪不加以谴责的文化。

下面简短地列出文化中已经证明与忧郁症有关的特质。

过多选择的文化

马丁 · 塞里格曼（Martin Seligman）是一位世界知名的忧郁症研究员，他认为过多选择的文化，是忧郁症罹患率遽增的原因。“现代人已非古时前途既定的乡下人，男男女女都为自己的决定、喜好而大伤脑筋，而现代女性更使就业市场倍增。”[3]

过去是那种隐性的社会阶级体系，子承父业，我们人生中大多数重大的决定都是在我们出生前做出的。你的父亲是铁匠，你就是铁匠。村里的某个男孩，家世良好，双亲在信仰纯正的教会聚会；当你到达适婚年龄，他就是你的结婚对象。这种体系有其问题，却没有做决定的压力。而现在，一个人的教育、职业、婚姻，甚至连性倾向，都听任自由。人生变成陷入抉择的漩涡。

如果这些决定难不倒你，那么压力也会让你受不了。孩子刚出生，家长就需在经过精心挑选的小学，保留孩子的入学名额，希望让孩子在这个高度竞争的世界，获得些许优势。父母尽可能提供孩子课外活动的经验，好让孩子发掘自己的长处，也许将来能获得大学奖学金。孩子需要在九年级以前确定自己未来的志向，因此备受压力。现代的青少年必须在高中时期，就面对父母那代人到大学时才需要做的决定。即使是未到青春期的孩子，也会遭遇与性有关的情境，需要面对与之相关的压力和决定。[4] 青少年觉得自己每个礼拜都得面对一些可能会影响终生的决定，如果自己做出不佳的选择，那该怎么办呢？虽然生活在至高者上帝面前，拥有上帝掌权的保证，即使我们做出糟糕的决定，上帝纯全的计划仍得以成就，但我们很容易忘记这个事实。当我们做出不好的选择时，我们会觉得，这个不智的决定似乎注定我们会走上一条欠佳的人生道路。

面对这种充满压力的文化，退缩是一种可理解的反应。面对抉择时不知所措，害怕做出错误的选择，因而把自己弄得疲惫不堪，纵使昏睡几天，仍感到疲累。换言之，抑郁不振是面对这些文化压力的适当反应。很重要的是，忧郁症患者的朋友和辅导员，需要对这种可能的文化影响保持警惕，原因在于圣经在此刻能传达更多的意义。举例来说，多数忧郁症量表不会列举："你了解做决定的基础吗？你了解上帝的旨意吗？"如果这是问题的一环，信主的朋友可以提供见解，帮助你做出智慧的决定。[5] 信主的朋友也可以提醒你明白上帝掌管万事，即使我们做出事后悔恨的决定，上帝还是会完成他在我们生命中的目的。

个人主义的文化

1984 年，爱德华 · 薛弗林（Edward Scheiffelin）研究新几内

亚的一个原始部落，他在研究中发现，这个部落的人不会绝望、忧郁，并且无人自杀。对阿米什人（Amish）的研究，也有类似的结果。这两种文化相似之处在于，个人都归属于较大的社区团体。而西方文化则是假性社区团体（pseudo-community），那些思考模式相仿、价值相似的人，偶尔会组成同质团体，他们多半是由不同兴趣的人及其家庭所组成，彼此学习一起生活，一起工作。

让我们想想看，如果人们认为自己是社区团体中的一分子，是家庭中的一员，忧郁症的统计数字会有何变化？在现代西方文明中，没有什么比自我更大。满意并不来自于在我们的人际关系中为他人服务，而是来自于消费和满足需求。如果某个人际关系不符合自己的需求，这个关系便可以舍弃，我们可以寻找另一个关系取而代之。“**我**的感觉如何？”成了现代人无法摆脱的共同迷思。

高举个人主义的文化价值正在慢慢改变中，某些基督徒与非基督徒对这种“唯我独尊”的生活方式多有批评，然而这种批评面临着双重问题。首先，伤害早已形成。这种孤单、孤立、乏力的自我导向生活，早已根深蒂固。其次，在一个根本不看重爱与和好的高度迁徙的社会中，想要改善现状，完全是一种奢望。

如果这种属世的特质助长了忧郁症，那么我们首要的回应就是去认识那位万王之王——上帝。当我们走进万王之王的审判法庭时，我们对他的尊崇远胜于对自己的赞赏。我们的困难与他的荣美神圣相比，根本不值一提。而后，当我们倾耳聆听，君王对我们的命令无比简单：爱人如己。爱能打破个人主义的辖制；爱能从支离破碎的人际关系中筑起新的社群。

终于，我们在教会中紧密连结。患有忧郁症的人逃避人群，避免委身教会，但是他们也会抱怨自己孤立无援。解决的办法在于，要谦卑地接受你的人生目的。“你们不可停止聚会，好像那些停止惯了的人，倒要彼此劝勉。既知道（原文是看见）那日子临近，就更当如此。”（《希伯来书》十章25节）教会并不完美，当我们就是教会时，教会怎能完美呢？但是圣灵常与聚会的子民同在，你能在教会里找到更丰盛的恩典。

放纵自我的文化

个人主义的后果就是产生放纵自我的文化。放眼过去流行文化的口号，比如，“只要我喜欢，有什么不可以”。大众心理学则主张“跟着感觉走”，或是那些刺激消费的广告，我们被一种以为自己能在自身以外充实、满足自我的信念所包围。

这种迷思就是，“再多一件”就能带给我们最后的满足。然而现实状况当然是，这只会让我们产生再多两件、三件的渴望，因为我们会发现，再多一件仍无法让我们满足，边际报酬递减定律总在我们欲望狂增时发挥效力。对于那些精力无穷的人，追求与放纵的循环可以行之有年。但是有许多人在自己被摧毁之前，就看透了这些追求的空虚，而这些人比较容易受到忧郁症的侵袭。这些人当中，有的只是直觉地看透自我放纵的空言，有些人则是尽情享受，达到事业顶峰，才发现一切只是一场空。

当我们思及那些能满足我们欲望的事物时，我们通常会想到那些能够满足肉体欲望的东西，像是毒品、美食、性爱，但是放纵自我也可能是喂养心理上的需求。其中最常见的欲望被称为自尊心，那是对自我感觉良好无止境的需求。有些忧郁症患者则认为，忧郁症骤增的部分原因在于教导自尊的负面效应。

这很容易解释。当一个人的成长过程不断被灌输："你很棒，你一定能心想事成，你理应得到，你最棒，你一定能如愿以偿。"这会发生什么后果呢？他迟早会发现，他自己**没有**那么行，**不是**无所不能，**不是**佼佼者，**无法**掌控一切事物。那么他所剩下的两种选择只有忧郁症或是否认事实。

快乐至上的文化

问问那些生活在西方文化中的人有什么盼望，你会听见他们回答说："快乐。"翻阅高中毕业纪念册，最常见的愿望就是快乐，"我想要快乐"。甚至连亚里士多德的《伦理学》(*Ethics*)一书都认为快乐是善之大成。有了这种目标，我们与苦难有种含混不清的关系也就不足为奇了。

经历过战火的人学会接受人生的试炼与苦难。在美国社会有许多年长的智者，他们遇到苦难并没有落荒而逃。相反的，他们认识到苦难是人生的一环，苦难也有若干益处。然而，第二次世界大战之后的这一代，他们不放过一丝欢乐的机会，并且不计代价地避免痛苦。如果人际关系遇到难题，就斩断关系；如果情绪不佳，就以药物治疗。这是把任何困难都视为毫无价值的一代，就像一个受尽保护、从来不曾经历过人生风雨的孩子，我们缺乏在试炼中成长的技能。

我不是说我们应该追求苦难，能减轻痛苦是一件好事，但我的重点是，我们生活在一个把快乐偶像化的文化中，而我们如果把快乐偶像化，快乐就会一直迷惑人心。

追逐逸乐，逃避无聊的文化

另一个与忧郁症相关的现代文明特质是，我们追逐新潮，追逐刺激。对许多人而言，这是逃避无聊的妙方。这种文化的主题是："取悦我。"如果缺少乐子，我们就会急于填补这个沉寂。正如帕斯卡（Pascal）敏锐地指出的那样："我常说，人类不快乐的唯一原因是，他不知如何在自己房内安静独处。"[6]

无聊，是年轻一代挥之不去的彷徨。也许因为他们在极短的年代经历了性与毒品泛滥、拜金主义弥漫的现象，最后发现这一切都无法令人满足，却又找不到追寻欢乐的新花样，所以对漫长的未来感到无奈，漫无目标。他们的人生目标只是忍受，并在一个既无趣又缺乏目标的生活中存活，这种人生恐怕要比他们父母那代人更加贫乏。

解除无聊的方法就是喜乐。当我们把盼望寄托于某件亘古不变、至善至美的事物上时，喜乐就会降临。奥古斯丁正确地指出，这个令人喜乐至极的对象就是上帝。

> 真正的快乐是在真理中满有喜乐，因为在真理中喜乐就是在你之中喜乐，喔，上帝啊，你就是真理……那些以为人生另有喜乐的人，向别处寻找欢乐，但是他们所找寻的，并非真喜乐。[7]

根据奥古斯丁的说法，真正的喜乐乃是以至真、至善、至美为乐，这些正是上帝的属性，而我们在属世的美善事物中，可以找到真善美的踪影。

C. S. 路易斯对喜乐的经验也有宝贵的见解。他在小而美的事物，像是苹果、清新的空气、变换的四季、美妙的音乐中，发现喜乐。他提及我们可以在小小的欢愉中“浏览”上帝的作为。正如奥古斯丁，路易斯也希望揭示喜乐不依存于外界事物的道理，无论外界事物有多么美善。

对那些我们认为颇具美学的书本与音乐，如果我们赖以为喜乐，那么我们将会大失所望；因为喜乐并非蕴藏其内，喜乐只是借由书本与音乐散发出来，而且所散发出来的是一种渴求……因为喜乐并不等同于事物本身，喜乐只是我们尚未寻着的花朵的馨香，是我们未曾听闻的仙乐回音，是我们未曾到访的国度讯息。[8]

这种渴求就是喜乐，是一种对荣光、对天国，特别是对真神的渴慕。

奥古斯丁和路易斯回应了保罗对腓立比教会的宝贵教导，要思考“那些真实的、可敬的、清洁的、可爱的、有美名的事物”（参考《腓立比书》四章8节）。这个教导记录在一封特别为了教导教会如何在苦难中满有喜乐的书信当中。

喜乐是我们观看上帝作为之后的自然反应。那么这和无聊又有何相干呢？喜乐的人朝气蓬勃，他们在小事的顺服中感到无比欢欣，他们乐意在上帝视为合宜的各种寻常行径中服侍上帝。他们也明白，一群人的小小顺服，正是让上帝的国度有力向前的方式。

开启重生之门

当我们开始倾听忧郁症的心声，我们发现这种痛苦很折磨人，没有指望，无可奉告，只是忧郁。但是当我们继续倾听，忧郁症诉说着一个个有关失落、被拒绝，或是发生在病人身上的种种故事。它说出可指证的生理问题，指出文化的乖谬之处：这个拥有最大和平、最多财富与最高享受的文化，同时也是拥有最多邪恶与最多悲情的文化。

当你思考有关喜乐的看法时，如果觉得喜乐难以捉摸，请别气馁，这需要时间与经验。然而，如果你不希望拥有喜乐，如果你排斥靠着上帝得着喜乐的想法，那么你可能有怒气，想逃避上帝。下面几章让你有机会更仔细地来思考这个方面。

你接受了文化中哪些对你的忧郁症有所影响的特质呢？

第13章
忧郁症的核心问题

我们试着谨慎地剖析忧郁症，希望可以找到蛛丝马迹，了解忧郁症的肇因，明白如何从中获得解脱。 在这个分析中，让我们先重视几个**外在**因素，我们知道撒但、他人、死亡、文化通常都和忧郁症有关。 接下来，我们要完成这个讨论的循环，考虑一些**内在**因素，看看它们如何影响忧郁症（见下图）。

事情不会简单地发生在我们身上。 当事情发生时，我们的反

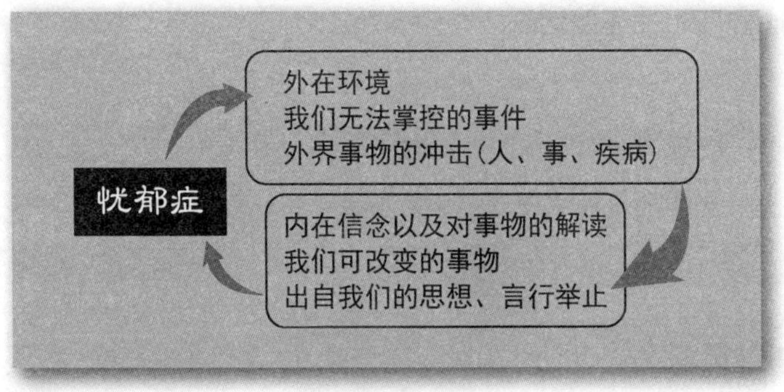

忧郁症的发生

应是立刻诠释事件的内涵与意义。我们会以自己一生所发展出来的视角，对上帝、对人以及对自己的看法，来过滤这个事件。

例如，假设在教会有某人没有向你打招呼，你会将它解释为“她在生我的气”“她很势利眼”，还是“她一定忙昏头了，我得打个电话给她”呢?

整个周末都在下雨，而你已经把时间预留出来，想为户外家具上漆。你的解读是:“真不敢相信这种事情会发生在我身上!”意思就是:“我不敢相信上帝会这样对待我!”还是你会说:“我仍然相信上帝恩待我，虽然我挺失望的，但我相信大事小事都有上帝与我同在。”

即使忧郁症有其生理因素，但个人对事情的诠释会造成不同的结果。精神上的痛苦通常来自自我诠释的推波助澜，是它把我们推入忧郁症的地狱与绝望之中。所有的痛苦都要经过诠释，了解这点以后，把注意力转回到你的心路历程，你会发现，自己的内心世界比你所想的还要活跃。

心灵自有境界，自成一格。
能造地狱如天堂，天堂如地狱。[1]

你的心灵疆界

你的故事、你的诠释、你的动机，以及你的信仰，都出自你的心，心是你生命的核心。人心统管一切与“为什么”相关的议题，为何工作？为何玩乐？为何去爱？心是**人性的基本特征**。

你要保守你心，胜过保守一切（或译：你要切切保守你心），因为一生的果效是由心发出。

（《箴言》四章23节）

因为心里所充满的，口里就说出来。

（《马太福音》十二章34节）

善人从他心里所存的善就发出善来；恶人从他心里所存的恶就发出恶来。

（《路加福音》六章45节）

你现在大概可以猜到，当你触及人心深处，你会发现人心与上帝密不可分，一切有生命气息的都活在上帝面前。但这并不代表我们总是**意识**到上帝的存在。悖逆的青少年鲜少承认违反家规是对父母进行人身攻击，他们真正想的是：**我只是想追求自主、独立。我不听话，并不是针对父母。**

人的一生尽管很自我，但每个人对上帝或多或少都有些许认识（参考《罗马书》一章21节）。我们不是只有模糊的概念，认为宇宙某处有一个神，诸神，或有种“至高的力量”。在人心深处，我们对那位自有永有的上帝有亲密的认识，我们不是相信他，就是相信些别的。用更宗教的语言来说，我们要么崇拜真神，要么崇拜各种偶像，例如感官享受、名利或爱情。人的心中终究只有二选一的抉择。

- 你爱谁？爱上帝，还是爱世界？（参考《申命记》六章5节；《约翰壹书》二章15节）
- 你信靠谁？信靠上帝，还是信靠人？（参考《耶利米书》十七章5~8节）
- 你崇拜的对象是谁？是耶和华上帝，还是别神？（参考《列王纪下》十七章36节）
- 你侍奉谁？侍奉上帝，还是侍奉玛门？（参考《马太福音》六章24节）
- 你听命于谁？听命于上帝，还是听命于魔鬼？（参考《约翰壹书》三章10节）
- 你为谁的荣耀而活？为上帝的荣耀，还是为自己的荣耀？（参考《罗马书》一章21~23节）
- 你积攒财宝在哪里？在天上，还是在地上？（参考《马太福音》六章21节）
- 你属于谁？属于上帝，还是属于魔鬼？（参考《约翰福音》八章44节）

有些在教会长大的青少年故意远离上帝。他们知道上帝存在，甚至相信福音是真实的，但是他们希望走自己的路。他们效忠于自己的欲望而非效忠上帝。

有些人则根本没有想过上帝。他们从来没有明确否认过上帝或承认上帝，然而当他们突然因为生活中的某些难题而怪罪上帝时，他们的心意就显明了。举例而言，有位殷勤工作的商人，他自认为敬虔——只是从未想过关于上帝的那些事。但是当他的公司被火烧成灰烬的那天，他诅咒上帝，并发誓有生之年再也不会踏进教堂一步。他其实知道上帝存在。

有些人宣称自己是无神论者。他们思考过上帝是否存在的问题，但选择相信上帝并不存在。同样的，他们的心意会流露出来。你或许会发现，他们对死亡有很深的恐惧，喜欢求仙算命，或是面临中年危机，因为他们发觉生命漫无目的（任何有关目的的问题都是宗教问题）。

无论何人，无论我们所信为何，我们有着相同的构造。我们肉眼可以看见自己的行动，而我们的思想与情感则较为隐密。在行动与思想的背后还有我们的想象与动机——这才是思想、情感和行动的真正动力。还有比这更深层的原因，那就是我们对上帝的认识，以及我们对上帝的回应（见下页图表）。

人心的自然渴求

很显然，我们毫无头绪。你大概不会对此感到讶异，因为你

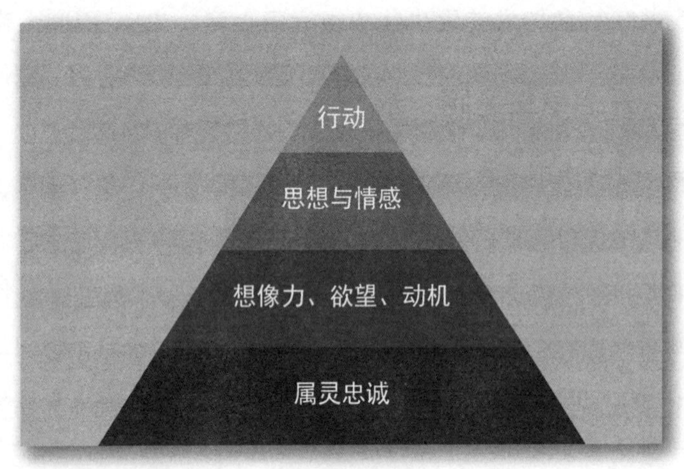

心的图像

这一生都觉得杂乱无章。 但这心绪混乱却有一种独特的运作方式，我们应该心向上帝，却没有这么做。 相反的，我们献身于一种集上帝、自我和钟爱的事物（俗称偶像）于一身的怪异组合。

为什么会有这种错位和妥协的委身呢?

我们太骄傲了。 这种说法一开始可能令人无法理解，特别是在你感觉如此消沉萎靡的时候。 然而人心很骄傲，自古以来，世人作出谦卑悔悟之貌向偶像俯伏敬拜，但其目的并非希望被偶像驾驭。 世人崇拜偶像乃为**获得**报酬，我们选择偶像有部分原因是相信这些偶像会提供给我们所渴望的事物。 毒品带来无惧，性欲承诺亲密的欢愉，财富保障我们的权力与影响力。 我们会因为自己想在某方面**有所**作为却无法办到而感到悲伤。 然后就像巴力的先知一样，我们傲慢到自以为可以操控这些偶像—— 不管是借着逃避上帝还是凭借行为称义的方式—— 所以这些偶像会大发慈悲，让我们如愿以偿。

这和你的经验相符吗？ 我们所谈的是众人共通的经验。

检视你的梦想，你的梦想难道没有揭露一点端倪，让你看见自己的自我抬举吗？ 即使是自杀的念头也带有骄傲的成分。 自杀会终止伤痛，但是自杀也会在别人心中留下不可磨灭的痕迹。 即使是卑微的自怜，也能很快转化成为自己打算的理由，这也是一种骄纵。

你也许处在忧郁的低潮中，但你仍是一个人，凡是人，天性中就充满骄傲的倾向。

我们渴望自主。 自主与傲慢有着密切的关联，两者都是世人骄傲的表现，但自主显示我们想与事物**分离**，而不认为自己**高高在上**。 我们想要建立自己的法则，不遵守永生上帝对我们的主权，而这就是亚当原罪的核心原因。 我们想按照**自己的**思维体系来诠释这个世界，我们想在上帝之外建立与之并行不悖的宇宙。

自主的一种流行说法，就是美国人的自然神论。 自然神论不是一个正式的教会，也不是一种教派。 但我们可以说，自然神论是美国最普遍的信仰系统。 自然神论也主张上帝存在，但是他们相信上帝与人距离遥远，上帝有太多其他事务要忙，无暇顾及人的日常生活。 自然神论者的口号就是“天助自助者”或其他类似的原则，回避以信靠基督作为人回应上帝的主要方式。在自然神论中，人可以在自己的领域中安然居住，没有人会干涉你的所作所为。

你能在忧郁症里看出和以上相同的景况吗？忧郁症有部分的病征就是，太相信自己对自我与对世界的诠释。如果上帝说你在基督里已蒙赦免，你却还要建构新的法则，强求自己要悔悟，自我惩罚，自怨自艾。如果上帝告诉你，他爱你，你却执意说这是不可能的。你瞧，就是这样：你以自己的思想高过上帝的思想。

想走出自主这个迷思，要从一个简单的祈祷开始："上帝啊，请教导我，我希望怀有你的心思意念。"想想看，如果你确切知道掌管宇宙的真神是爱你的，将会是何等光景？单凭这一点就可能改变忧郁症的状况。

我们贪得无厌。但是骄傲与自主还不是人心仅有的两个问题，这两者指出人贪得无厌这项事实。我们贪图外在事物。我们贪心，欲望**不减**（参考《以弗所书》四章19节）。我们嫉妒那些拥有我们所渴望获得的事物的人。

"我想得到！ 我想得到更多！"更多安全感，更多爱，更多和平，更多财富，更受敬重，更多自由，更多美貌，等等。想想看，拥有更多这些事物似乎就能改善你的忧郁症吗？若你真是如此认为，你正见识到人心那种亟欲搜刮、积攒的欲望。

问题是，即使**拥有**再多，我们也从不会觉得很满足，因为我们仍然想要获得更多，甚至拥有上帝，也无法满足我们。 结果，当我们无法拥有更多时，人生立刻就变得空虚和无趣。

需求与忠诚

许多有忧郁症的人曾受过他人的伤害与排斥，他们觉得自己人际关系的基本需求尚未获得满足，除非这部分能获得满足，否则他们就会一直陷在忧郁中。 受父母、朋友排斥会造成极度的空虚感，感觉自己有情感障碍。 但这和我们的心有何关系呢?

让我们首先思考主耶稣的例子。 他是神，但他也是一个完全的人。 他的生命中有一件再清楚不过的事实，他的爱并非从人而来。 他从未祈求他人对自己的爱，他从未因受人排斥、遭人误解而情绪失控。 相反的，从他的祷告里我们知道，他最深的渴求就是盼望天父的荣耀得以彰显，盼望保守他属灵的儿女脱离那恶者，在爱里合而为一（参考《约翰福音》十七章）。

被爱的渴求是天性，如果你没有这种渴求，那就有问题了。然而这种未被满足的渴求尚未触及人存在的真义，人生还有比这更深的渴求。 我们还可以更进一步追问，**为什么我会有希望被爱的渴求? 这种渴求究竟有何意义?**

渴望爱是一件美事。 问题是，如果对这种渴望置之不理，这种渴望就会越发强烈。 要记住，我们的心会不停地重复低语：“我渴望……”我们老是想拥有更多、更多的爱。 就是在这时刻，你会看见这种渴望的属灵根源。

有时候我们仰赖某人（但他也不过是受造物），相信从他身上可以获得什么，**却没有**将信仰放在耶稣基督身上并去爱人。同样的，这个问题还是出于属灵的忠诚度，就像古时转而去崇拜偶像的人，我们也说，上帝不足以满足我们。

空虚感通常是我们仰赖人事物的一种征兆，这种感觉提醒我们从这些受造物之中无法获得满足的事实，我们受造的本意乃是要全心仰望我们在天上的父，别无取代。我们受造享受上帝厚赐万物，却不应让这些受造物成为我们生命的焦点。当我们在这两者间有所混淆，就会感觉人生失序。为了让自己感觉好过些，我们会一再尝试，企图寻求上帝以外的慰藉，唯有等到我们终于了解这种追求是如此捉摸不定时，我们才会放弃寻求，在沉默中绝望。

继续探究，生命终究离不开上帝。

当你找到上帝，不要停止探究，直到你惊讶于他的荣美与慈爱，而且你很快就会发现这点。毕竟，如果你发现自己不忠诚，心有二志，灵里不忠，或是心意彷徨，你基本上就犯了属灵的奸淫罪，然而出乎你意料的是，上帝对你能回心转意是满心欢喜（参考《路加福音》十五章 11～24 节）。

开启重生之路

当你更仔细地检视自己的内心时，请记住两件事。第一，不要以为你的过犯是忧郁症的导因。没错，你会发现自己的罪过——这是我们与耶稣同行必经的环节。在苦难时刻，圣经鼓励我们："就当放下各样的重担，脱去容易缠累我们的罪"（参考《希伯来书》十二章1节）。如果你**看不见**自己生命中的罪性，你就该为此忧虑，因为圣灵爱我们的方式之一，就是显明我们的罪来引领我们。既然罪是败坏生命、败坏一切美善的元凶，当我们得见自己的罪恶，并且悔改，我们就备受祝福。然而，这并不表示罪就是你忧郁症的肇因。

第二，在这段人生历程中，请紧随基督而行。谨记《诗篇》一百三十篇，这段经文的宗旨是：上帝就近我们，主动赦免我们的罪。他并不是因为你为罪深切忏悔而饶恕你；他饶恕你，是因为主耶稣已为你的罪付上全部赎价。

迈向真实生命颇有效的方法是，要在认识上帝与认识自己的过犯这两者上，力求长进。

当我视上帝为专制君王，我对罪不以为忤，但当我知道他是我父，我为自己竟曾忤逆他而悲伤不已。[2]

帕斯卡写下这段智慧的总结：

认识上帝，却无视自己的卑贱，导致骄傲。

认识自己的卑贱，却无视上帝，导致绝望。

认识耶稣基督，在骄傲与绝望之间取得平衡，因为耶稣让我们既看见上帝，又看见自己的卑微。[3]

你看见自己的内心是何种光景了吗？

第14章 揭开心帘

人心的一个难题是你很难了解它。我们可以迅速列举影响我们的生活环境，像是家庭、朋友、老师，但是不管对自己或对他人，人心通常隐晦难明。对心事略有所闻与确实知情，是迥然不同的两回事。

我们可以问自己下面一系列的问题，来发掘我们隐藏的心事。

- 你爱慕什么？憎恶什么？
- 你渴望、渴求、盼望什么？
- 你的目标在哪里？
- 你害怕什么？
- 你为什么事忧虑？
- 你觉得自己有什么需求？
- 你从何处获得庇护、慰藉、快乐，或是安全感？

- 谁是你的英雄、你的偶像?
- 什么是界定你成功与失败的指标?
- 你什么时候会说:“要是……”(例如,“要是我的丈夫能……”)
- 你认为自己拥有什么权利?
- 你为什么事祈求?
- 你常谈论什么事?
- 你的梦想是什么?
- 你什么时候会动怒?
- 你在什么状况下会对圣经产生怀疑?
- 你的生活中,在哪方面曾为苦毒所缠累?
- 你企图逃避什么事? 什么人?
- 你有时会有罪恶感吗?[1]

在一般情况下,我们很少问自己这类问题,很少让这类问题带领自己探讨自己灵命的核心。 然而,忧郁症非比寻常,它会揭开我们的心帘。

苦难让我们看见自己,这难道不是实情吗? 财富让我们有所掩护,困境剥掉保护的外衣,让我们甚至不知道何以蔽体。 在富足的年代,我们可以欢乐无惧,自信乐观,但是荒年赤裸裸地揭露出我们内心的至善与至恶。 把十几个志同道合的人放到同样的危机中,你会看到十几种不同的反应。有人是英雄，有人是懦夫；有人是领袖，有人是随从；有人乐观开朗，有人绝望无助；有人对上帝大挥拳头，有人安静降服。你不知道自己究竟是哪种人，除非你经历过苦难，借着自己在压力下的行事为人，测知自己的属灵身量。

综观历史，上帝使用苦难揭露人心的光景，而这种揭露有其目的，这是改变人心必经的历程。在你决定改变以前，必须先看见自己内心的光景。

你注意过那些吸毒、酗酒或利用性关系来麻醉自己痛苦的人，常显得很不成熟吗？他们的外貌看起来或许像四五十岁，但言行举止却像个青少年。相反的，去找个经历过人生风霜而勇于面对困境的人，你就会找到一位智者。

个人的成长与改变并非易事，但对真正的人性成长却不可或缺，因为这是自然法则，是造物主的本意。你可以在动植物或世人身上看见成长的痕迹，凡有生命的万物都会成长。人的不同之处在于，我们在身量与灵命上都能有所长进。

当我们往正确的方向成长，一切真是美好。希伯来文 *Shalom* 一词捕捉了这层意思：和平、完整，重整而非错置。属灵成长令人感觉良好，事实上，这是一种能让忧郁症患者不再感到忧郁的祝福。忧郁症可以令人感觉如同罹患癌症而步向死亡的悲恸，也能如同经历手术成功的短痛，而后者代表我们正迈向康复。如果这两种痛都能有生理量表，痛苦指数可能不相上下，至少在研究人员眼中如此。但是对受苦者来说，因手术引起的疼痛相比癌症显得较轻微。手术的痛苦助你复原，而癌症的痛苦则是病情恶化的指标。

当我们得见自己内心的光景，我们就处在成长与进步的地方。尽管让自己内心最阴郁的角落被人发现是件难堪的事，但这是通往蒙福之路必经的一环。

揭开心帘还可能产生其他益处，某些导致忧郁症的心事可能因而被揭露。当人心是忧郁症的主要原因时，并无其他方法能确认，但是当我们致力于忧郁症所揭露的议题时，有时痛苦能够获得舒解，因为我们发现了导致忧郁症的其中一个原因。换言之，忧郁症背后的原因不总是生理性的，许多忧郁症专家也有类似的结论。

例如，有一种很普遍的忧郁症治疗方法，称为认知疗法，治疗重点在于人的思考方式。所有的事情都是非黑即白、全对或全错、不是机会就是拦阻吗？这些思考方式在太平时期颇不显眼，但在忧郁症时期则十分活跃。认知疗法的目标就是找出这些“错误的思考方式”，加以改正，希望借此减轻忧郁症。这个学派的论点是，这些思考谬误不仅借由忧郁症**显现**出来，也会**引发**忧郁症。因此当你改变思考方式时，你也改善了忧郁症。大脑扫描甚至显示，仅仅借由不同的思考方式，就可以引起脑中显著的生理变化。

至于我的观点则是，我们并非是采取一个过分牵强或是叫人难以置信的途径。本书的主张与较为人知的忧郁症相关理论有许多相近之处。认为忧郁症揭露我们的内心世界，认为我们自身也有造成忧郁症的地方，并非奇特的说法。而我立论的着重之处在于，我们要更深入地探索：超越思考方式的谬误，进而衡量自己认识上帝的方式有哪些错谬之处。

在旷野中另辟蹊径

苦难试炼我们并揭露我们内心的光景，这个原则在圣经中反复出现。从以色列人出埃及这个圣经历史上的重大事件，我们第一次看见这个原则。此处上帝表明他不只是一个地方民族的神明，他更是统管万有的造物主。他不仅掌管埃及与埃及的法老，而且使用摩西，一位笨口拙舌、不及格的演说家，作为他的代言人，不费一兵一卒，不用剑拔弩张，拯救以色列脱离埃及人的捆绑。

在以色列人抵达上帝应许之地前，摩西带领以色列人行过沙漠旷野。这不是一段简单的旅程，但上帝的目的乃在揭示自己对以色列人的宽容、慈爱与看顾。上帝故意试炼他们，检视他们内心的光景，好让他们看到自己真实的景况。

> 你也要记念耶和华—你的上帝在旷野引导你这四十年，是要苦炼你，试验你，要知道你心内如何，肯守他的诫命不肯。
>
> （《申命记》八章2节）

以色列人在试炼中一再失败。水源不足时，他们抱怨且不仰望上帝。想吃肉与饼，他们抱怨且不仰望上帝。在反复的试炼中，他们都不信靠上帝。直到因畏惧应许之地的原住民更胜于敬畏上帝，招致上帝的愤怒，拒绝让他们进入应许之地时，上帝才把他们在旷野漂泊的时间延长到四十年。

从那时起，沙漠旷野在圣经中一再更新，成了上帝引导他百姓的必经旅程。在这段天路历程中，人心得以显露。亚伯拉罕、约瑟、但以理，以及众多子民，历经旷野，显为信仰的伟人。他们在自己的旷野旅程中，信靠上帝。但亚伦、亚哈斯王、约拿等人，却还是信靠自己。

圣经中的旷野传奇在“耶稣被圣灵引到旷野，受魔鬼的试探”（参考《马太福音》四章1节）时达到最高潮。耶稣重复以色列人的旷野历程（耶稣在旷野中一日，如同以色列人在旷野一年）。耶稣禁食四十日，饥渴程度远超过当年的以色列人，然后经历最严峻的试探，并且接受撒但亲自的试探。然而，结果根本无须怀疑，耶稣的心从未动摇。尽管肉体受苦，试探当前，耶稣仍仰望他在天上的父拯救他。因他所行，当我们置身旷野中，他就成了我们的榜样、盼望与力量。当我们在自己的旷野试炼中失败，我们能够因着耶稣在旷野试探中得胜而得胜。因着信，耶稣的胜利成为我们的胜利。所以，应当仰望耶稣，他的故事就成为我们的故事。

在旷野中也有大喜乐吗?

就是在旷野试炼的背景下,《雅各书》这样写道:

> 我的弟兄们,你们落在百般试炼中,都要以为大喜乐;因为知道你们的信心经过试验,就生忍耐。但忍耐也当成功,使你们成全、完备,毫无缺欠。
>
> (《雅各书》一章 2~4 节)

喜乐与苦难交织在一起。乍看起来,这仿佛是个不可能的组合,但不只雅各一人在谈到苦难时,脸上带着一抹微笑。其他经文也是如此应和。

> 因此,你们是大有喜乐;但如今,在百般的试炼中暂时忧愁,叫你们的信心既被试验,就比那被火试验仍然能坏的金子更显宝贵,可以在耶稣基督显现的时候得着称赞、荣耀、尊贵。
>
> (《彼得前书》一章 6~7 节)

耶稣降临以前,智者甘心忍受苦难,因为他们深信其中必有上帝同在。耶稣被钉十字架以后,一切事情,包括对苦难的看法,都有了转变。天路历程的行者一如往日，仍旧遭逢种种苦难，但苦难现在已被视为新生的阵痛，而非毫无目的的痛苦，或只是不幸的偶然。自从耶稣降临，苦难成为救赎。当我们定睛在耶稣身上，就是"因所受的苦难学了顺从"（参考《希伯来书》五章8节）的这位，我们即开始了解雅各为何能够鼓励我们，在旷野历程中也有大喜乐。

如果你认为圣经在现实生活中不合时宜——以为圣者花时间思考来生却不面对今世——那么你要读读《雅各书》。《雅各书》十分切合实际；雅各熟知苦难与迫害，他了解真实的人生。他的忠告不是写给那些逃避现实世界的神秘主义者，而是写给必须面对真实人生的平凡人。

你注意到为什么雅各会对试炼感到兴奋吗？他写道，试炼有其目的。试炼检验我们的信仰，揭露我们所崇拜、所信仰、所爱的对象。从雅各的观点看来，这就是天父爱的确据。试炼对我们属灵健康不可或缺。带着一个自己**信以为真**、有名无实的信仰走过人生旅程，将是一场悲剧。揭露人心真实景况的试炼背后有着上帝的慈爱，他的心愿就是希望我们能"成全完备，毫无欠缺"。换言之，当我们的信仰经过试炼，使我们能学会凡事信靠仰望上帝，我们就能在上帝里面得到真正的满足，胜过世上一切事物。我们无需传统的生活装备。有基督就足够了。对雅各而言，这个成长的历程如此光荣，足以令他兴起莫大的喜乐。

让我们再去倾听其他曾遭逢苦难的智慧教师之言：

在心情沮丧时，我们通常能够学习到在别处学不到的教训。你知道上帝的美善散诸世界各个角落，充满我们所经历的一切所在吗？在阿尔卑斯山顶峰有绝佳的景致……然而，在幽谷深处也有你在山巅未曾得见的荣美……马丁·路德曾说，啊，苦难是我藏书室中最棒的一本书，最沉重的那页最为珍贵。[2]

这席话对于对抗忧郁症有重大启示。雅各并没有天真地以为人间的苦难会结束，他认为苦难将会持续，我们会消沉沮丧，也可能一再受挫。但是雅各告诉我们一种难以形容的情感经验：他写到喜乐可能出现在任何的旷野经历中。在以色列人最早的旅程中，喜乐难求，因为一切都是崭新未知的经验，以色列人并不了解上帝的作为，也对上帝的恩惠与大能缺乏信心。但十字架能抹去一切怀疑，在趋近末世的此时，当我们身处旷野时，我们真的可以充满喜乐地引吭高歌。

喜乐不是抑郁的对立面。它比抑郁更深。因此，你可以同时经历二者。抑郁是不间断的雨，而喜乐是岩石。无论抑郁是否存在，你都可以站在喜乐之上。

这一切看似遥不可及吗？一路读来，你却越发绝望吗？果真如此，把这些章节视作《诗篇》：即使它们无法捕捉你当下的经验，也让它们作为你前路的愿景，这是上帝赐予你的。祈祷下一段的祈祷文会越来越像你的心声。 祈祷上帝借着在试炼中赐你喜乐而得荣耀。

开启重生之路

你的祈祷文可以简单到只剩下这句:“求主鉴察我。”

上帝啊,求你鉴察我,知道我的心思,
试炼我,知道我的意念。
看在我里面有什么恶行没有,
引导我走永生的道路。
(《诗篇》一百三十九篇 23～24 节)

在上帝面前的日子就是一系列的循环:生活、省察、改变,再省察、再改变,尔后,再省察、再改变。忧郁症也是检视与改变的时刻。

第15章 恐惧

倾听对忧郁症的描述，你经常会听到类似“惊惶失措”“惶惶终日”“自暴自弃”“焦躁不安”“担心受怕”等字眼。你会听到他们提起地狱，而地狱总是和巨大的恐惧有关。妄想症是忧郁症最严重时的主要征兆，恐惧已经无法控制，感觉上好像你和你的世界正在崩溃，而你只能眼睁睁看着自己节节败退。

充满恐惧的人在自觉无力可施的情形下会怎么做呢？他们会逃避、退缩。他们的世界越来越小，换句话说，他们表现出来的行为很消沉。

心有恐惧却不善加处理，会导致忧郁症。被恐惧笼罩时，你可以试图逃避，但这感觉还是跑不掉，唯一能够真正制止恐惧的方法就是面对。而恐惧通常无独有偶，所以要有心理准备，你所恐惧的事物一定不只一桩。

静下心来，你或许会发现自己很害怕：

- 做出错误的决定。
- 失败。
- 死亡。
- 受折磨。
- 被揭发。
- 失去所爱的人。
- 失去财富、工作或其他提供安全保障的事物。
- 被抛弃、被拒绝，孤单一人。
- 失控。

若你没有忧郁症，恐惧可能无足轻重；患上忧郁症后，恐惧就显现出来。然而有时候忧郁症患者无法辨识恐惧。担心害怕的人通常显得焦躁不安，然而忧郁的人面临恐惧时，更典型的症状是消极认命。所以要仔细倾听自己的心声，找出自己的恐惧。这些恐惧可能与你感到忧郁有关，但有许多方法可以减轻恐惧。

常见的恐惧

把你最害怕的事件列出来，你很快就会发觉，自己并不孤单。我们都是被恐惧掳获的族类。以下列举一般人常见的恐惧：

害怕死亡。 害怕死亡对我们的影响超过你我所知。想想看，如果你完全体会不到对死亡的恐惧，你的人生会有多大差别？ 即使你很笃定将来会与主基督同在，面对未知仍会让人心生恐惧，况且圣经对此也未多加着墨。 即使我们对某件事多有期待，还是可能会对未知的细节感到紧张，而这种情绪会因着忧郁症而加深。许多忧郁症患者缺乏自己将来能与主同在的信心，所以他们的恐惧可能更加强烈。

你全部的过犯将会被揭穿吗？ 上帝会因此而不悦吗？ 你相信自己该“适可而止”吗？

上帝预料到我们一切的挂虑，清楚谈论并经常提及我们如何能对永恒有确据。《约翰壹书》专门谈论这个话题，所有新约作者也经常探讨。

对死亡方式的恐惧。 多数人承认害怕死期来临，死亡过程会是漫长而痛苦，还是快速而毫无痛苦呢？ 你会独自面对死亡吗？如果你亲眼见到一场痛苦的死亡，这些恐惧可能会更加明显。 就像其他的恐惧一样，如果对这些恐惧不加以留神，可能会演变成忧郁症。 此刻正是聆听上帝话语的时刻，请相信上帝所说的，他的恩典够我们用！

害怕往事重现。 如果你的过去特别悲惨，往事对你的辖制可能超过你的想象。 你的情绪可能无法好好厘清过去与现在，即使你极不可能再次经历过去相同的创痛，但你的情感却另作他想。危险似乎就在你眼前上演，你总是活得小心翼翼。 这就是许多

《诗篇》特别有价值之处，因为《诗篇》是由面临威胁的人所写，也是为了其他可能遭遇威胁的人而写。

害怕信任那些不持久的事物。 最普遍的恐惧常在我们所信任的事物变得不确定，或是在我们所信任的世界开始瓦解之时产生。

如果你所仰赖的是自己的美貌，你的信赖一定会过时。等到整形手术无法去除你所有的皱纹，无论你用尽什么办法，皮肤还是开始变得松弛，又该怎么办呢?

如果你所仰赖的是财务上的安全感，万一你丢掉工作，那该怎么办? 难道你不是一直觉得你需要的比你拥有的更多吗?

如果你非常信任某个人，他不幸去世了，你该如何呢? 或者这个人无法给你所需要的慰藉? 或者这个人离你而去呢?

又或者你并不倚赖任何特定人士，但问题是，你把信任建立在人身上。你的人生目标在于取悦他人，然后你发现，这个目标越来越不可能达成。

如果你信靠耶稣基督以外的任何事物，那你终究会被恐惧所驾驭。当恐惧开始持续掌控你，它还会邀请忧郁症加入这个统治阵营。

关键问题再探

不管你的恐惧是什么，恐惧的疑问永远相同：“你信靠何人? 当你害怕、忧虑时，你会向谁求救?”圣经就是上帝显明自己的可靠，并且邀请疲惫的人仰望信靠他的真实记载。 如此有吸引力的邀约，你以为不会有人拒绝，但是人往往各持理由，去倚赖肉眼看得见的事物。

牧羊人现身

上帝不计较我们的退却，他还是喜爱对心怀恐惧的人说盼望与安慰的话。 他把自己某些最美好的启示保留给胆怯之人。 他耐心说服他们，提醒他们自己是上帝，而他也曾应许，自己绝不撇弃他们。 他向他们告知自己的称谓—— 只有亲密的朋友才会知道的称谓。

> 我的**力量**啊，我必仰望你，因为上帝是我的高台。我的上帝要以慈爱迎接我。
>
> （《诗篇》五十九篇 9～10 节）
>
> 上帝是我的**盾牌**。
>
> （《诗篇》七篇 10 节）
>
> 耶和华是我的**岩石**，我的**山寨**……是**拯救我的角**，是我的**高台**。
>
> （《诗篇》十八篇 2 节）

上帝最为人所熟知的称谓是牧者，《诗篇》中最能给身处恐惧的人带来安慰的是第二十三篇。而新约中的对照，正是由好牧人——耶稣在登山宝训中对忧虑的教导（参考《马太福音》五~七章）。

你大概熟知这段经文，但是让我们仔细阅读这段经文，这是上帝赐下的至理名言。注意耶稣从未厌倦重复传达他所赐下的应许。不仅如此，他还很有耐心地说服忧心的群众。他说服我们信靠他。

> 耶稣又对门徒说："所以我告诉你们，不要为生命忧虑吃什么，为身体忧虑穿什么；因为生命胜于饮食，身体胜于衣裳。你想，乌鸦也不种，也不收，又没有仓，又没有库，上帝尚且养活它。你们比飞鸟是何等地贵重呢！你们哪一个能用思虑使寿数多加一刻呢（或译：使身量多加一肘呢）？这最小的事你们尚且不能做，为什么还忧虑其余的事呢？
>
> "你想百合花怎么长起来？它也不劳苦，也不纺线。然而我告诉你们：就是所罗门极荣华的时候，他所穿戴的，还不如这花一朵呢！你们这小信的人哪，野地里的草今天还在，明天就丢在炉里，上帝还给它这样的妆饰，何况你们呢！你们不要求吃什么，喝什么，也不要挂心。这都是外邦人所求的。你们必须用这些东西，你们的父是知道的。你们只要求他的国，这些东西就必加给你们了。

"你们这小群，不要惧怕，因为你们的父乐意把国赐给你们。你们要变卖所有的周济人，为自己预备永不坏的钱囊，用不尽的财宝在天上，就是贼不能近、虫不能蛀的地方。因为你们的财宝在哪里，你们的心也在那里。"

（《路加福音》十二章 22～34 节）

何等温柔，何等宽容。主耶稣明白人生变化无常，他称呼我们为他的羊群。他提醒我们造物主熟悉自己所造之物，巨细靡遗。他如此的亲密，如此关心我们。他知道寻常飞禽的需求，他知道百合花瓣的坠落。如果连对于不是按他形象所造之物的细节他都知晓，那么他对你的关爱又有何等多、何等大呢？在上帝的眼中，你比万物都更为宝贵。

而上帝不仅对你人生的大局感兴趣，他也知道那些无关紧要的琐事，例如你有几根头发（参考《路加福音》十二章 7 节）。要能有这种认识，他一定得常与此人同在，对此人无比关心。一般熟人知道你生活的梗概就够了，但亲密的朋友想要知道你生活中的大小细节。

紧接着，耶稣话锋一转，反问道，焦虑对于事情是否真有帮助？焦虑岂能助你成长？岂能让你更加富有？耶稣告诉我们，情况不像我们所想的那么可怕。他可以轻松面对，因为他知道我们无须忧虑，他是慈爱的牧者，他必不撇弃我们，他不打盹也不睡觉

（参考《诗篇》一百二十一篇 4 节）。

“信靠我，”他说，“明天的事我来操心。”然后在美好且具说服力的结论中，上帝提醒我们，他是慷慨的真神，他不仅将国度赏赐他的子民，而且**乐意**这样做。

这为我们带来两个问题。首先，什么是国度？国度就是上帝对他百姓的一切应许：慈爱、喜乐、平安，他的同在、赦免、进入上帝的家庭、脱离罪的盼望，与万王之王的天父同在。

第二，对我们而言，国度重要吗？也许你相信上帝乐于将他的国度赏赐给我们，但是国度听起来似乎也没什么大不了的。或许你心中早已确定其他目标，你相信“我的上帝必照他荣耀的丰富，在基督耶稣里，使你们一切所需用的都充足”（《腓立比书》四章 19 节），但是你却不确定上帝会不会供应你所有的**需用**。

这是偶像崇拜在我们心中滋生的原由。我们不确定上帝会赐下我们所渴望的事物，于是仰望其他偶像。这就是人心**真正的**问题——错置的信靠。我们信靠某个受造物胜过信靠造物主，然而，因为没有任何受造之物能够承担这些，所以我们注定要生活在恐惧当中。

所有的爱都应从属于对基督的爱之下。这听起来好像上帝强求我们爱他，这的确有部分真实性，但是我们爱上帝胜于爱他物的**理由**是，在所有配得我们爱慕的对象中，唯有上帝配得如此大爱。

你如何能回心转向那位真正爱你的主？ 这就叫作悔改。 承认自己追逐偶像的错误，决心认识这位宽容召唤你的真神的荣美。

吗哪的启示

多数恐惧的另一个共通特色是，忧心未来超过忧虑眼前。“我认为悲剧即将**临到**”，我们预测未来，顽强地紧抓着自己的预言。

这种焦虑，有人经验丰富，有人稍有涉猎，但我们都不免受困其中。 这就是为什么上帝教导他百姓的第一课就是忧虑与信靠。

以色列人在旷野中缺乏食物，所以这是教导他们如何信靠上帝的理想场合。 为了喂养成千上万的以色列人，上帝每日降下吗哪（参考《出埃及记》十六章），但上帝只供给他们足够一天的粮食（安息日前一天除外，那天上帝赐给他们足够两天的吗哪），是为了帮助他们建立起一种属灵的纪律。 他们**今日**按上帝的教导而行，明天则需仰望上帝。 那些想凭借己力、捡拾超过一天所需的人则发现，他们多捡拾的吗哪在隔日清晨以前就会腐臭。 他们很快就学会，信靠真神是活下来的唯一方法。

不用说，头两天最难挨。 人们饿着肚子醒来，帐篷里没有可吃的，他们还未向帐篷外张望。 今早外头会有吗哪吗？ 上帝会信守承诺吗？ 然而，过了一段时日以后，他们有信心了。 他们知道上帝明天仍会看顾他们，因为上帝说过他会看顾，而直到今日，上帝依然信实可靠。

这就是耶稣安慰话语的背景，“你们只要[在今天]求他的国，[明天]这些东西就必加给你们了。”你的目标乃是学会领受吗哪的规律。今日就寻求上帝的恩典，对你眼前的任务忠心，把明天仰望在上帝手里。然后当你回顾并且看见上帝的信实时，你对明天的信心就会油然而生。

“我与你同在”

你还是惊惶害怕吗？耶稣预见我们会继续和恐惧对抗，恐惧不会马上消失。而他的回应就是，一再慈爱地提醒，他绝不会撇下我们。

> 不要惧怕，因为我与你同在。
>
> （参考《创世记》二十六章 24 节）
>
> 你们当刚强壮胆，不要害怕，也不要畏惧他们，因为耶和华你的上帝和你同去，他必不撇下你，也不丢弃你。
>
> （《申命记》三十一章 6 节）
>
> 你不要害怕，因为我与你同在；不要惊惶，因为我是你的上帝。
>
> （《以赛亚书》四十一章 10 节）
>
> 锡安说：耶和华离弃了我；主忘记了我。妇人焉能忘记她吃奶的婴孩，不怜恤她所生的儿子。即或有忘记的，我

却不忘记你。看哪,我将你铭刻在我掌上;你的墙垣常在我眼前。

(《以赛亚书》四十九章 14～16 节)

我要求父,父就另外赐给你们一位保惠师(或译:训慰师,下同),叫他永远与你们同在,就是真理的圣灵,……因他常与你们同在,也要在你们里面。我不撇下你们为孤儿,我必到你们这里来。

(《约翰福音》十四章 16～18 节)

想想看,那位深深爱你、有大能化解你内心一切恐惧的上帝,与你同在。这会让恐惧转为信心。然而正如一切属灵的成长,这种改变只有靠着操练得来。当你听见或读到上帝的应许,你回答:"阿们!"表示诚心所愿,改变就临到你。借着默想上帝的话语,改变就会来到。当耶稣的十字架再一次证明上帝的信实,改变就会来到。

这些话对忧虑恐惧的人是如此重要,以至于耶稣在世上的最后一席话是:"我就常与你们同在,直到世界的末了。"(《马太福音》二十八章 20 节)耶稣死而复活就是上帝对恐惧的解答。耶稣现在还活着!

开启重生之路

恐惧让人无可回避又穷于应付。即使你知道恐惧是不理性的，它仍然能够操纵你。我们很难对抗如此激烈的情绪，也很容易忠于自己对现实不正确的诠释。所以不要期待自己能很快写下胜利的《诗篇》，相反的，应把某些忠实记录恐惧的《诗篇》作为心声。例如，《诗篇》四十六篇谈到身陷险境，但是《诗篇》仍继续重复着同样的副歌："万军之耶和华与我们同在；雅各的上帝是我们的避难所！"(《诗篇》四十六篇 7、11 节)《诗篇》五十六篇描述遭受污蔑攻击，但《诗篇》作者表明自己的心迹："我惧怕的时候要倚靠你。"(《诗篇》五十六篇 3 节)当你默想某些谈论恐惧的《诗篇》时，你会发现自己能够较快地从恐惧转换成信心(参考《诗篇》五十七篇 4～5 节)。

处理恐惧有两个基本步骤。首先，要承认恐惧是出于不信。这难道不是真的吗？我们的恐惧多半是由于心里想着："上帝啊，我不相信你！"或是"上帝啊，我心向往的却非你所应许的。"其次，要检视圣经，用信心去仰望耶稣的慈爱与信实。不妨去请教那些对耶稣有信心的人，请他分享自己对上帝大有信心的理由。

想想看，你为什么事感到恐惧？你真正信靠的是谁？

第16章 怒气

恐惧是忧郁最明显的伙伴，而怒气则是忧郁最寻常的伙伴。这个公式很简单：

恐惧 + 愤怒 = 忧郁

多数人很容易明白自己的怒气所在，但有时怒气也会隐身于让人想象不到的地方。

“你为什么不相信自己已经获得原谅了？”

这名三十五岁的妇人罹患忧郁症超过十年，曾有两次企图自杀。就像许多罹患忧郁症的人一样，她对自己的每件事情都很反感。有一次她描述自己对姐姐说过某些令其伤心的话之后而衍生出的罪恶感，你真的可以看见她有多么颓废消沉。

她的回答令人震惊。

“如果我相信上帝赦免我，那我也必须饶恕我父亲才行，但我绝对办不到。”她的愤怒显而易见，连她自己都吓了一大跳。

没错，她自觉有罪恶感，但她的罪恶感比她自己所想的更深。她对论断父亲有罪恶感，她父亲所犯的错其实微乎其微。她不相信上帝对她父亲够严厉，所以任命自己为法官、陪审团兼行刑者。但事实上这意味着，为了审判父亲而获得满足，她必须赔上不小的代价，即自己也得拒绝上帝的恩典与怜悯。

虽然某些研究人员认为，愤怒**很可能**是导致忧郁症的原因，但事情不总是如此。不过愤怒经常借由忧郁症显现，因此处理这个议题最明智的方法就是，先假设自己内心极其愤怒。愤怒是灵长类动物的基本天性，如果你是个有理性又情感丰富的人，你就会发怒。

现在，为了使这个探讨更具重要性，你要记住，愤怒可以**不形于色**。发怒的人永远是最后一个知道自己在生气的人。我们会承认自己感到沮丧、害怕和痛苦，但我们会对自己的怒气视若无睹；愤怒是别人应该面对的麻烦，而不是自己的难题。

寻找怒气

发怒的行为模式包罗万象。愤怒会导致沮丧，即使你已不复记得发怒的确切原因。就像黑菲德家族（Hatfields）和麦可伊（McCoys）家族，双方家族没有人记得两家的世仇究竟因何引发，但他们知道应该彼此仇视。

有几个问题能帮助我们去追溯愤怒的根源：

- 我本人的需求是什么？“需求”通常是“权利”与“要求”的委婉说法。
- 我的需求有什么地方没有被满足？
- 我的权利在何处被冒犯了？
- 我认为自己有什么应得却未得的事物？
- 我嫉妒谁？

如果你对愤怒的认知只限于明显可见的怒火，那你就错了。愤怒只是怒气的表现方式之一（见下图）。

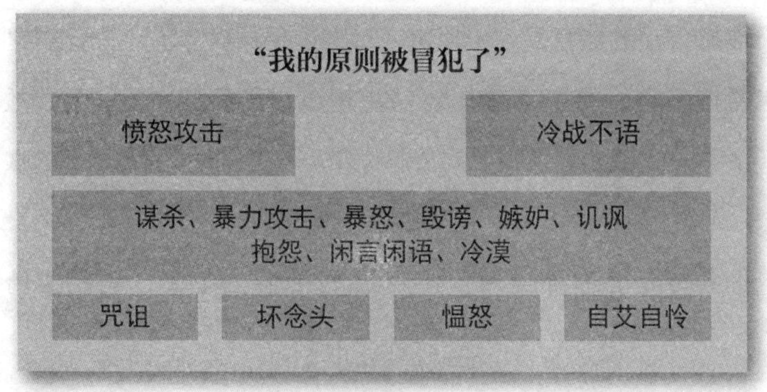

愤怒的架构

有位患有忧郁症的人，一整年都没和妻子说过话——连一个字都没有。他在公开场合表现正常，因为失业而博得许多同情。他对自己保持“缄默”的解释是他有忧郁症，然而，有时候悲伤掩饰了愤怒。

愤怒可以分为热战和冷战，两者都会对人造成伤害，主要的差别在于，热战历时短促且具爆发力，而冷战则是长期的。忧郁的怒气通常是冷战：对人冷淡，不理不睬，故意排斥、怪罪他人，并为自己抱屈。就某方面来看，这是一种极端的愤怒，借此断绝他人的影响。“我曾受到别人伤害，我要冷漠待人，以免再度受到伤害。”你要避开那些脾气暴躁的人，但面对那些冷漠、冷淡、生气的人，你最好小心翼翼。

愤怒的核心

愤怒传递的信息是：“你犯错了。”这是一种审判，而这种判断通常是正确的。愤怒可能出自对真正过错的反应，但这只是故事的起头，一旦愤怒生了根，就会把你带到一个你已逐渐熟悉的抉择关卡。

你会转而信靠那位对受害者展现怜悯的上帝，还是要倚靠自己?

你会转而信靠上帝，这位神圣公正的审判者，还是要自组一个替天行道、打着你的名号而召聚的党羽，以求自己的荣耀?

愤怒通常以模仿上帝的方式开始——它评判是非，但愤怒可能很快转变成抵挡上帝的态度。你生气，因为你的权利和名誉受损，而非上帝的权利和荣耀被冒犯了。

这就是你必须彻底认识自己内心的重点，否则你还是在暗处摸索。你对愤怒的认识是，有人犯错，让你生气。但你**看不见**的是，愤怒能让我们识透你的心思意念更胜于识透那位犯错的人。说得更白一点，愤怒是你与上帝之间的事。

就以抱怨作例子来说，有谁在过去几天里从没有抱怨过？抱怨、发怨言属于广义的发怒，因为抱怨也是一种评断。发怨言的人宣称某件事情不对，这件事可能是某个人，也可能是天气，或是昂贵的修车费用。通常抱怨没有特定对象，就只是抱怨。虽然那些外表显得很生气的人，可能会对上帝挥舞拳头，但很少有人会在“轻微”的抱怨中提到上帝。

但抱怨关乎自己，更甚于其他的人事及环境，抱怨是我们打从心里吐露对上帝不满的话。当以色列人在走过旷野的旅途中饿肚子时，“以色列全会众在旷野向摩西、亚伦发怨言”(《出埃及记》十六章2节)。然而这只是单一面向，这个图像只看见水平面，却不见垂直面。会众需要借着摩西的属灵洞察力看到更多。摩西回答：“你们的怨言不是向我们发的，乃是向耶和华发的。”(《出埃及记》十六章8节)

不久，以色列人又向摩西抱怨没有水喝，而摩西再次迅速诊断问题的症结。问题不在于水，而在于人心。“你们为什么试探耶和华呢?”(参考《出埃及记》十七章2节)

摩西发出严厉的指控，他知道上帝正在试炼他的百姓，在更恶劣的景况下察验他们的心是否仍跟随着他。这是上帝的特权，教导属他的百姓信靠他。但是对于人主动去试探上帝，摩西控诉他们凌驾于上帝之上。

你看见在愤怒这件事上，人与上帝的角色互换吗？上帝有试炼我们的权力，但我们是何等人，竟敢试探上帝、质疑上帝？这就是高傲。的确，我们的景况可能异常艰困，但上帝就是上帝。他有权做他想做的任何事。

以色列人在旷野的经历鼓励我们更加警醒。在艰难的时刻，我们还是有可能盲目随从，试探上帝却毫不自觉。

“好吧，上帝啊，你真的与我同在吗？让我眼见为凭，借着________向我显现你的作为。如果此时此刻，你不向我显现，我就不再信靠你。”

当然，我们不会公然这么说，但是如果我们真正注意倾听自己所发的怨言，就会察觉到其中冒犯上帝的言语。

认识上帝

当你深加探究时，就会发现愤怒关乎忠诚度。你信靠、仰望何人？发怒表示我们其实并未信靠、仰望上帝。因此当我们发怒时，我们不能只是说：“我不要生气了。”这种决心当然值得赞扬，但这是一条注定失败的错误的快捷方式。愤怒最终和上帝有关，愤怒显示出我们没有信靠上帝，而这就成了更加认识上帝的好机会。你接下来所领会的，将会让你惊奇不已。

上帝是我们效法的对象。上帝说："所以你们要成为圣洁，因为我是圣洁的。"（《利未记》十一章44节）如果你很想知道成为真正的人意味着什么，那就学习效法上帝。

如你所知，上帝并不软弱。他厌恶诡诈的天平（参考《箴言》二十章10节），恨恶邪恶（参考《箴言》八章13节），恨恶高傲的眼、撒谎的舌、流无辜人血的手、图谋恶计的心、作假见证、激起争端的人（参考《箴言》六章16～19节）、离婚中的不公正（参考《玛拉基书》二章16节）。耶稣讨厌那些假冒为善的人，特别是伪善的会众领袖（参考《马可福音》三章5节），耶稣对那些责备让小孩子到他面前的门徒感到愤慨（参考《马可福音》十章14节）。诚然，"恨恶有时"（参考《传道书》三章8节）。

但不要误解，上帝的怒气是他爱的表现。如果你不生气，那是你不爱。如果你亲眼看见不公义却无动于衷，你就是不爱那位受害者。所以，如果上帝憎恨不诚实，那他就是爱诚实，如果他憎恨高傲的眼，那他就是爱谦卑；憎恨撒谎的舌，因为他爱真理；憎恨谋害他人者，因为他爱造就他人者；憎恨图谋恶计的心与作假见证的人，因为他爱追求和平的人。

为什么上帝喜爱这些事情？凡上帝所爱之事，就是他本身属性的投射。**他**是诚实、谦卑、真实，也是和平的缔造者。我们能爱上帝所爱，就是我们愈来愈像上帝的记号，这也是上帝对我们的企盼。

当我们想到愤怒时，我们通常会想到一个人在发脾气，但这绝不是上帝发怒的样子。上帝绝不会失控。相反的，当上帝怒气大作，几乎要爆发时（参考《出埃及记》三十二章9~10、14节），他邀请他的子民回来和他讲理（参考《以赛亚书》一章18节），然后自己能被迅速说服，不再生气。而现在，上帝选择压制怒气。“我的怒气涨溢，顷刻之间向你掩面，却要以永远的慈爱怜恤你。这是耶和华—你的救赎主说的。”(《以赛亚书》五十四章8节)

当我们把这个情形应用于自身时，听起来很美妙，不过，这样听来，上帝对我们的仇敌，可能也是个容易受其左右的仲裁者。我们喜欢上帝怜恤我们自己，对别人则执行公义。怜悯与公义是个微妙的组合，如果你没有属天的引导，你会认为怜悯是不公义，而有公义时却缺少怜悯。

十字架解决了这个两难的问题。上帝之所以展现出如此的怜悯与宽容，是因为他把对于我们叛逆的愤怒倾倒在耶稣身上。没有错，十字架体现出神的慈爱**与**愤怒。上帝现今的愤怒犹胜过去的世代，而十字架是他一切愤怒与责罚完全倾注的所在。当我们转向耶稣时，上帝的怒气就远离我们，而倾倒在十字架之上。他的愤怒因他儿子之死所付上的赎价而完全止息。而当他经由耶稣死而复活，赐予我们真生命时，他对我们的怜悯与慈爱也在此全然显现。

这种解救我们脱离审判而获得的自由，使我们得以为了替我们受死的那位而活。既然看见了我们应得的惩罚与所得的宏恩大爱，我们怎能另有所求呢？所以，应当仰望耶稣，他现在既是我们的救赎者，也是我们有幸得以效法与追随的对象。我们看他用超乎想象的方式处理人与人之间的不公不义。耶稣**从不**为别人加诸他的不义而愤怒，相反，他还教导我们要祝福我们的仇敌（参考《路加福音》六章 27～31 节）。只有当宗教领袖带领他人步向毁灭之道，或是换银钱的人让他天父的圣殿蒙羞时，他才发怒。耶稣的秘诀在于，他在乎的是天父的荣光，而不是他自己的荣耀。他全然信靠他父的审判既善且真。他选择放弃自己审判者的地位，而将自己完全交托天上的父。

> 他被骂不还口，受害不说威吓的话，只将自己交托那按公义审判人的主。
>
> （《彼得前书》二章 23 节）

愤怒总是模仿来的。我们要么就是效法耶稣性格中怜悯战胜愤怒的方式，要么就是模仿撒但毁灭的怒火（参考《约翰福音》八章 44 节）。除此以外，别无选择。

省察自己

让我们回转归向上帝，对上帝有更多认识以后，再来省察自己的内心。你要做的是，在论断别人以前，先评断自己。

> 为什么看见你弟兄眼中有刺，却不想自己眼中有梁木呢？你自己眼中有梁木，怎能对你弟兄说："容我去掉你眼中的刺"呢？你这假冒为善的人！先去掉自己眼中的梁木，然后才能看得清楚，去掉你弟兄眼中的刺。
>
> （《马太福音》七章 3～5 节）

在你检视别人以前，请先花更长的时间、以更高的标准检视自己。

这本来就很难办到，然而，愤怒会让此事难上加难，因为或许真有不公义的事情存在。在愤怒下，指责别人很自然。我们很笃定所发生的事情有错，而我们是对的。但是，你要想想愤怒的本质，愤怒**总是**认为自己是对的，但到头来发怒却几乎一定是错误的行为。绝大多数的愤怒具有破坏性，很伤人，难道不是这样吗？为了替自己找公道而发怒，终究会给自己带来磨难，因为愤怒与上帝对我们的计划背道而驰，难道不是这样吗？

扪心自问："我所爱的是什么？"或"我的什么权利被侵犯了？"难道是个人的尊严、受人感激、得人喜爱、拥有权力及影响力？还是为了坚持自己是对的、报复、心里舒坦、保护隐私？如果你的怒气持续超过十分钟，你会发现，自己的心怀意念其实并不纯正。

现在，把这点连结到你与上帝的关系上。你与他人最恶劣的关系显出你在上帝面前的心意。如果我们不爱别人，我们也不爱上帝。如果我们对他人发怒，那我们就是抵挡上帝。当我们抱怨、口出怨言时，我们就是对上帝提出隐隐的试探：上帝会让我们的所求所想，如愿以偿吗？我们让人生以自己为主。而当我们这样做时，我们注定会有个永远不满足的人生。

要小心在表象之下汹涌翻腾的属灵争战。你听从撒但，质疑上帝大有慈爱的声音，不相信上帝足够爱你，不相信上帝会运用大能做出对你有利的裁决。当我们不能很快处置怒气时，就是我们发现撒但酝酿分化计谋最好的时候（参考《腓立比书》四章26~27节）。

上帝以一种迥异于我们回应他人的方式来回应我们。“主啊，你是有怜悯有恩典的上帝，不轻易发怒，并有丰盛的慈爱和诚实。”（《诗篇》八十六篇15节）他以呼召谋害人命的人来领导他的教会，作为对信靠他的人的“无限宽容”（参考《提摩太前书》一章16节）。他为背叛、不认他的门徒洗脚（参考《约翰福音》十三章）。他以恕罪为乐，因赦免之恩显明他的确是那位不以我们应得的审判来对待我们的圣洁的神。

信靠和顺服

对发怒的人，上帝说：“为你自私的怒火认错；信靠和顺服我。”耶稣说过一个故事，有一个人，他所背负的超过其一生所得的庞大债务被国王一笔勾消了，但这个刚从债务中解脱的人，马上抓住另一个欠他几美元的人，要求他马上还钱（参考《马太福音》十八章 21~35 节）。当国王听见此事时，这个不知感恩之人的不义之行惹怒了国王，国王不但撤回之前所豁免的债务，还将他打入大牢。如果这个人的举动让**你**发火，你要了解，耶稣也正在警告你——“除非你们打从心底原谅你的弟兄，否则这就是我在天上的父对待你们每个人的方式。”借着耶稣，我们免去这一生对天父的亏欠，但是我们却想叫那些对我们略有亏欠的人立刻清偿债务。

这个故事说出了我们的处境（每个人此生都有被说中的时候），显示出我们没有真正体会到，上帝借由耶稣基督所传的恩典与怜悯。我们用他人对待我们的方式来对待别人。如果我们认为上帝对我们吝啬，我们也会对别人吝啬。然而，还有其他的待人方式，那些明白自己罪得赦免的人更会宽容待人，乐意借着遮掩他人过错的方式来效法基督（参考《箴言》十九章 11 节）。

如果有人大大冒犯你，圣经会很受用。用爱心告知那个冒犯你的人，如果他不听，你可以请求别人协助和解（参考《马太福音》十八章 15~16 节）。当然，在不同的人际关系中有不同的爱的表现，寻求如何爱人的忠告固然明智，但是，爱才是真正的目标。

要活得像是一名从巨大债务中获得解脱的人，甚至更进一步来说：要活得好似你亏欠别人，而不是别人亏欠你（参考《罗马书》十三章 8 节）。

开启重生之路

怒气是某些人受忧郁之累的原因之一。

> 当我在沮丧之中，痛苦是我的朋友。我在痛苦中翻滚，这是我所熟知的光景。我会告诉你，我痛恨痛苦，痛苦一无是处，但是，我却仍然紧抓不放。我的内心枯萎，毫无热情与指望。痛苦提醒我，我还活着。痛苦容许我生气。[1]

要记住，愤怒迂回叵测，你可能"正在"发怒却不自知。要祷告："上帝啊，求你鉴察我。"

因为祷告是我们的心思意念能被显露的地方。请容许自己借由祷告来试炼内心。如果你能用主祷文(参考《马太福音》六章 9～13 节)默祷，且让它成为你自己的祈祷文，这就是你与积怨奋力搏斗的证据。

找一段简短的经文，用以总结这章所写的内容（以及更多），请读《雅各书》第四章。请注意那段经文教导我们说的："主若愿意。"多少次，你有很高的期待，结果却希望幻灭？如果你一开始就说："如果这是主的旨意"，结果会有多大的不同？

想一想，你生命中的怒气何在？

第17章 希望破灭

希望带有风险，希望越大，失望也越大。满心期待海滩艳阳高照的一天，一场午后阵雨却令人大失所望。所以，有时候采取较悲观的方式，预先想到雨季来临，似乎更保险一点，至少不会希望破灭。

你的人生一定有过满怀希望，最后却以失落收场的经验。我们都曾遭遇过，这是很令人伤心的。“所盼望的迟延未得，令人心忧。”（《箴言》十三章12节）对于某些人而言，当美梦幻灭时，他们会另起新的梦想。然而，有些人幻灭到某种程度以后，认为自己受够了，所以下定决心，不再期待。

经历苦难的人应该对绝望有所警醒，并要思考上帝对绝望的反应。当你有忧郁症时，通常更容易感到绝望，所以这一点就更加重要。

我们是有盼望的子民

盼望是人性的特质之一，无论你经历了多少艰困岁月，还是会记得自己曾经有过的盼望与梦想。你企盼未来；孩子期待饭后甜点、特别的旅行与生日派对；青少年盼望寒暑假与周末，期待与朋友相聚的时光。

在企业界，他们把这种盼望叫作愿景——一种思考尚未存在的事物的能力。专家说，这是领导者必备的能力。这种能力更普遍的说法叫作想象力。我们的语言中有关希望的语汇很丰富：盼望、渴望、梦想、期待、想望、切望、愿望、期望、目标、野心、标的、标竿。

我们活在当下，过往可能让我们感觉沉重，但未来一路牵引着我们。人生是有目的地的，我们活在一个有着过去、现在与未来的轨迹当中。

不抱希望而活，就是活在没有未来的日子里，这种生活简直让人无法想象。愤世嫉俗的人与悲观主义者讪笑盼望，好像人可以不抱希望而活。忧郁的人则企图扼杀希望，因为希望背叛了他们。

扼杀希望

你曾下定决心不再盼望吗？有些人记得那绝望开始的时刻，有些人则是在失望滋生中让希望逐渐流失。这两种情况都让你觉得希望带给你太多痛苦，就快让你招架不住，所以要么就断绝希望，要么就让希望自然消失，似乎合情合理。你想，当众多梦想不复可求时，只有傻瓜才会继续痴心梦想。

但你不了解的是，我们与生命的诸多连结，都与希望息息相关。希望是未来的触角先伸入现在。当你展望未来却一无所见时，你就找不到现在有何理由要早起，有何理由去爱人、去工作。你扼杀希望，那你所毁灭的，将超过你原先所预期的。你以为扼杀希望会让人生不再痛苦，然而所有扼杀希望的企图，将会同时扼杀未来的期盼与当下的喜乐。你以为，为了避免将来的失望，现在必须不带情感、不受外物左右，否则万一将来失去所爱，该如何面对呢？你有挚爱的配偶和深爱的子女吗？你以为唯一自保的方法就是，让自己保持冷漠与疏离。

你扼杀希望，以为这是在保护自己，但其实你注定让自己活得毫无生气。如果你毫不努力，让希望慢慢凋零，你的人生将始终在原地踏步。这会让眼前的日子变得毫无意义。没有希望，你感觉自己像个活死人。

如果你决定不再抱持希望，或是迟迟不愿与绝望对抗，这是慢性谋杀。你对此了然于胸，却仍然执意如此。是因为你缺乏动力？是传统使然？还是你冥顽不灵？不管你有什么理由，你还有其他选择，你一定得奋力一搏，试试看！

从希望破灭、愤怒到自怜

在探讨愤怒之后，接着讨论希望幻灭是有原因的。 虽然失去盼望导致投降，而不是发泄，但愤怒与绝望最后却殊途同归。

希望破灭是从一点点的欲望开始的。 你渴望某件事物，而你所渴望的应该是一件美事，像是婚姻、恋情、工作、健康等等。 慢慢的，你的渴望更强烈，似乎可以美梦成真。 于是你开始想象夙愿得偿，几乎唾手可得，然而，你的希望却在瞬间破灭。

当我们得不着真心渴望的事物时，我们感到沮丧（沮丧也包括在愤怒内）。 如果我们能够怪罪某个人，我们的反应很容易就被辨认为愤怒，但是如果你感到是环境作祟，无可怪罪之人，就没有大吵大闹或其他可标记为发怒的迹象。 然而，如果你仔细聆听自己，或许可以借着上帝对你而言似乎变得微不足道的方式，而辨认出自己的怒气。 你将上帝发配边疆，把上帝远远推开，冷漠以对，淡然处之。 或许你还是会向上帝开口作某些请求，但你不会再把让你大失所望的任何相关事情交托在上帝手中，这是对怒气冷处理的模式。

找找看，自己是否有夹杂着愤怒的失落，但你要明白，事情并非到此为止。 希望破灭会引起自己对上帝失望，而对上帝失望则会导致自己强迫性的属灵孤立与退缩，属灵孤立则会导致自怜。

先知约拿

先知约拿在圣经中亲手描写这件事。作为早期的以色列人，他盼望以色列会再一次达到所罗门统治时期的强盛，盼望以色列会击败外敌。虽然当时以色列王国还算兴盛，但其他先知已经预言，以色列将在“大马士革以外”的一个国家手中遭到放逐（参考《阿摩司书》五章27节），而所有的征兆都指向亚述帝国。

约拿的使命就是到亚述帝国去，“向其中的居民呼喊，因为他们的恶达到我面前。”（《约拿书》一章2节）这似乎是和他梦想相符的一件理想差事：宣扬上帝对以色列可能的压迫者的审判。但是约拿拒绝宣扬上帝的信息，因为他深知以色列的上帝大有怜悯。请注意上帝的信息——警告不信上帝的国家，并给予它改过自新的机会。如果尼尼微城中的亚述人真心悔改（约拿认为这大有可能），那么上帝就会赦免其罪，如此一来，约拿的梦想就会受到阻挠。

在一场为时甚短、但受人瞩目的迂回旅程后，约拿终于传讲出一篇极为简陋的讲道，当你阅读约拿的讲章时，听起来既不动人，也不具说服力，然而尼尼微人却反应热烈。他们集体悔改，上帝就怜悯他们。

约拿无法如愿以偿。“这事约拿大大不悦，且甚发怒。”（《约拿书》四章1节）虽然没有明讲，但从上下文可以明白，不恰当的怒火无论从哪里来，最终都是反抗上帝，都意味着上帝并非良善、上帝的审判该受评断，这些都是不信靠上帝。

于是约拿也踏上那条老路，破灭的希望与怒气让他坠入自怜当中。“耶和华啊，现在求你取我的命吧！因为我死了比活着还好。”(《约拿书》四章 3 节)因为约拿深知赏赐生命在于上帝，收取也在于上帝，自杀根本不可能，所以他选择旧约的做法，请求上帝取他性命。上帝并没有让他称心如意，所以他既气愤又绝望。

“你这样发怒合乎理吗?”上帝只问约拿这件事，而约拿对这个问题置之不理。

隔日，约拿坐在城边，希望事与愿违，得见大火降在尼尼微城。上帝以一株蓖麻为他遮荫，然后又令这株蓖麻枯槁。这下约拿更生气了，他希望有荫可遮，但上帝偏不让他称心如意。

“我死了比活着还好。”约拿这样说并未针对任何人。

“你因这棵蓖麻发怒合乎理吗?”上帝问约拿。

约拿说：“我发怒以至于死，都合乎理！”(参考《约拿书》四章 4、8～9 节)

看到没有：无法达成的期望，再加上怒气与自怜，形成了一个铁三角。当三者持续并存时，它们会导致寻死的念头。

约拿的话

我们可以假设这个故事出自约拿之手，这真是很稀奇，因为他竟愿意自毁形象。逃避上帝的呼召，不到尼尼微传讲上帝的话语是一回事。这样做，属灵上是不正确的，但政治上是正确的，约拿可以被解读成一位爱国者。但是流露出自怜的样子却是另一回事，这种事令人生厌，诉诸文字则更为可鄙，但是约拿摆明了要我们从他身上学习些什么。

上帝至尊至大。上帝的大能在这本小书中一览无遗。在《约拿书》以先，上帝的伟大显然更胜诸神，但约拿的旅程是第一次到以色列境外正式的宣教之旅，上帝宣告他同时也是万邦众民之神。换言之，上帝的伟大远超过所有人的想象。他是普世之神，而非仅是一邦之神。

当你看到宏伟的山峰、辽阔的海岸时，可曾有过出人意外的平安？如果有，那么你已见证了当我们亲见比自身更伟大的存在时，我们是何其蒙福。当我们亲眼见到那些惊奇壮观的事物时，我们身上的重担似乎轻省一些。当然，这些宏伟的景观指向那位比他所造万物更为伟大的造物主。约拿告诉我们，那位比我们所思想的更为伟大的上帝，正是我们所需服用、可救我们脱离自身困境的那帖药。

上帝的良善。上帝的属性有着数不清的面向。“上帝是个灵，他是无限、永恒、亘古不变、自有、智慧、大能、神圣、真理。”[1] 在众多的属性中，圣经经常强调上帝的伟大、良善、大能和慈爱。在《约拿书》中，这些特质历历在目。这卷书的关键在于，约拿为自己辩解，“我知道你是有恩典、有怜悯的上帝，不轻易发怒，有丰盛的慈爱，并且后悔不降所说的灾。”（参考《约拿书》四章 2 节）问题是，对上帝的这种认识在这里毫无作用。如果有的话，这种认识反而让事情变得更糟，至少就约拿而言是这样。

奇哉怪哉，约拿既对上帝的慈爱有信心，他竟然会不愿意顺服上帝？他不相信上帝对以色列也是仁慈的吗？然而约拿的经验和我们的经验相吻合。我们或许相信上帝爱我们，却无法确定他会供应我们所需。我们想要被爱，甚至也想指定我们被爱的**方式**与对象。约拿相信上帝满有恩典、慈爱，但是他希望上帝的爱表现在审判并歼灭他的敌人。

悔改仍是救赎之道。对约拿和对我们来说，当我们的渴望背离上帝，我们的欲望就成为偶像崇拜。我们不希望有任何事物在我们与所渴望之物中间作梗。约拿不愿意顺服上帝；他想自己**成为**神。

悔改就是承认我们的言行是忤逆上帝的根源，这是我们从自私的欲望转向圣洁上帝的起点。当我们转向他时，我们才恍然大悟，自己过去小看了上帝的大爱。以约拿来说，他相信上帝的恩惠，但是他并非**真的**相信。他相信自己的计划好过上帝的计划。他对上帝的爱是短视的，这在于他相信如果上帝恩待某个国家，上帝就不能祝福另一个国家。他无法了解上帝能同时恩待尼尼微与耶路撒冷。

也许你也认同上帝满有恩典，你明白耶稣基督为我们所付上的代价，你也相信十字架就是上帝恩典的确据，但上帝的恩典仍于你无益。上帝的恩典与你无关，因为你所谓的恩典是根据你的定义，而非上帝的定义。你看待上帝恩典的标准在于，它能否满足你的计划、渴望和欲求，像个小孩子一样。约拿告诉我们，恩典必须由上帝来界定，而不是迎合我们的心意，否则我们就是论断上帝。

你有发怒的权利吗?《约拿书》是一本平易近人的书卷，上帝并非只是交代约拿对尼尼微人所说的话，上帝还和约拿对话交谈。这些对话是旧约中的特殊事件，所以当你看到这些对话时，你要仔细聆听。

上帝的话语分为三个段落，首先，他吩咐约拿要传达的讯息，然后，他两度询问约拿是否有发怒的权利，最后以自己对尼尼微人的怜悯辩护作为结束。你可以特别注意到上帝发出的问题。约拿曾逃避上帝，而现在则是因为上帝的怜悯而怒火中烧，自怜不已。尽管约拿倔强顽固，当他求死时，上帝仍耐心地问他这个问题："你有发怒的权利吗?"

你也这样试试看。当你感觉一切事情都不如你意、极想寻死时，问你自己相同的问题：**我有权利发怒吗?** 当你感觉上帝让你的梦想与希望失落时，问问自己：**我有权利发怒吗?** 如果你能清楚地指出自己的失望，在很想回答"**对，我有权发怒**"之前，请先让上帝以爱来说服你。让他说服你说出"不"的回答，并且信靠、仰望他。

选择乐观

忧郁的消极面纱之下是一颗疲于抉择的心，有时候你宁可不抱希望。你宁可绝望，追求绝望。这不就合理解释了，为什么你对鼓励完全不为所动吗？你听见别人的话，了解别人的话，但是你并不想听。即使自怜与扼杀希望对你并不奏效，你仍然忠于自己扼杀希望的策略。

但上帝仍以怜悯与恩典的话语回应你，即使你并不信靠他。他一再重述自己的话语，试着说服你，向你承诺，而不要求你对他做出任何承诺。

以下是你能乐观以待的事情：

- 上帝绝不离弃你（参考《希伯来书》十三章5节）。
- 上帝绝不会让你处在犯罪是唯一选择的处境中（参考《哥林多前书》十章13节）。
- 在你与罪的争战中，上帝的恩典愈发增多（参考《腓立比书》一章6节）。你能够乐观以待，下个星期的自己会比现在更有能力去爱。
- 上帝乐于向寻求他的人显现，他甚至向**没有**寻求他的人显现（参考《罗马书》十章20节）。
- 当你遵循上帝的律令，他能使你结实累累（参考《约翰福音》十五章 8 节）。

- 上帝的目的绝不会挫败（参考《以弗所书》一章 11 节）。

上帝**信守**自己的应许。

好上加好

当忧郁症宣称死亡与罪像黑暗般笼罩万物，它是正确的，它有理由让人感到悲伤绝望。 但忧郁症对这种说法举白旗投降却是错的，因为这个说法并非实情。 主耶稣已经从死里复活，并且已经掌权。 当圣灵赐下的时候，上帝的国度就以大能冲破幽暗，不断扩展（参考《马可福音》四章 30～32 节）。

因此，忧郁症虽能正确洞悉某些事物，但对其余事物却全然不察。 忧郁症无法看见，又真又活的主圣灵现今正在运行，且运行在你我眼前。

在十字架这一端，人间悲剧虽仍持续进行，但天平已经往喜乐那端倾斜。 万王之王已安坐宝座；天上飨宴正在预备；我们现在就在无限慈爱之中，那无以复加的大慈爱；我们现在就得尝天国美善的滋味。 现在就有可以维系你的盼望不坠的现实存在。

让我们祈祷有一双能看见的眼睛。

开启重生之路

不管你曾扼杀希望还是未曾企盼，绝望都是致命的。你一定听过这个问题："你希望改变吗?"现在你能了解，为什么这个问题很重要。拒绝改变也有合乎逻辑的思考，例如，如果希望悄悄滋生，那该怎么办呢？你或许想少受点折磨，但却不愿付出重燃希望的代价。约拿完全不想改变，至少一开始是不愿意的。你极有可能比自己所了解的更不愿改变。所以，不要自欺欺人，我们**愿意**绝望，我们选择绝望。然而，我们其实还有一条出路。

我们可以从上帝对心怀恐惧的人所说的话中找到部分答案。其间的共通点就是，恐惧和绝望一样，对于把未来仰望在上帝手中感到犹疑。上帝说，他会赐给我们够用的恩典去面对未来的失望；你的任务是，现在就为他而活。起初，这听起来让人感到莽撞，宛如你正在享受飚车的快感，而你却要在下一个转弯处遭遇车祸。然而，信靠上帝胜于信靠自己，这忠告其实一点也不莽撞。

因此，要战胜绝望，现在就要采取行动。你认为按照待办清单行事不够属灵吗？当你凭着信心而行，这就是属灵英雄的举动。

忧郁症有其自相矛盾之处；上帝在我们身上动工的方式也有看似矛盾之处。例如，如果你现在想得着生命，那么你要将自己的未来交托在上帝手中。如果你想拥有明天的盼望，现在就要信靠上帝。

想一想，什么是你破灭的希望？你如何处理破灭的希望？什么是你刚萌芽的新希望呢？

第18章 失败与羞耻

希望破灭，是因为我们追求某些事物却无法获得。你梦想在四十岁以前就能有良好的经济基础，但至今仍入不敷出。你辛勤工作，但经济不景气使你无法有所得。或是你梦想有理想的婚姻，却越来越相信，**确实**没有那个对的人，好像永远是喜欢你的人，你不喜欢，但你喜欢的人，却另有所属。

你要知道，我们不总是能够实现梦想，我们钟情的事物不完全在我们的掌控中，我们需要有人助一臂之力，才能美梦成真。因此，我们不能因为这些失望，就立刻怪罪自己，因为成败的结果并非我们所能操控。

但失败与羞耻就不是这么一回事了。失败与羞耻的箭头指向你，而非指向环境因素。**你**在没有达到自己的期望、没有达到别人对你的期待时，甚至可以从自己的姿态看出，那些未达成的期望与标准，好像把你压扁了。你几乎可以感受到失败与羞耻的存在，也许浴室的体重秤也能称出你的重担。 然而，压力全在你的身上，你无法怪罪他人。

谁的标准?

忧郁症与自尊心低落，如影随形。 自尊心低落甚至是美国精神学会对忧郁症定义的一部分。 自己毫无价值的感受影响你的所作所为，甚至会进而影响到你是谁（事实上，如果你**没有**感到自我评价低，你所经历的或许是某种生理问题，而不是忧郁症）。

毫无疑问的，世人都会评断自己的价值。 我们在日常生活中会对人、音乐、艺术，以及其他千百种事件做出各种判断： 好坏、有无价值、对错等等。 所以我们对自己有所评价，实在不足为奇。 从某个标准来看，我们也会认定自己不及格。

至于我们采用谁的标准呢? 那就不一定了，但所得到的评价对情绪的影响却是一样的。 你感到难过，并且无法停止自责。

这个标准可能是童年时父母对你的期待，经由每天的批评、不可预知的处罚、受父母冷落，而传达给孩子。

这个标准可能是社会对成功与失败的期待，这种期待在你接到高中同学会的邀请函时就可明显得知。

这种标准也可能是上帝不变的律例。

无论是依照何种标准，在每个人的身上都可见到，因未达预期而感到自我价值低的情形。 在富裕的医生、职业运动员、走台的模特，以及电影明星身上，都不例外，而忧郁症患者对自己的批判通常更为严苛。

解脱之道似乎很清楚：我们拒绝别人强加在我们身上的标准；我们不太在乎上帝的律法，因为反正没有人做得到；然后我们以较不苛刻，更平衡、更公平的标准重新衡量自己。就和所有人一样，你是好与坏、优点与缺点的混合体。如果你要评断自己的短处，那你也要学习评价自己的长处，但愿这样能够让你的自我形象维持平衡。

但问题是，事情当然没有这么容易。当你郁郁寡欢时，几乎不可能在自己身上看见任何长处。即使你能在自己身上找出一些优点、一点长处，这似乎也无法和那些让你感觉一文不值的事情相提并论。关心你的人对你的肯定，无法改变什么。你还有更深层的问题需要面对。

借着唤醒人的本性，重新归正自己。许多问题迎面而来，但它们不是遇见一颗空洞的心，这些问题会被一颗忙碌的心所解读。当我们忧郁不振时，觉得自己像个空壳，但我们还是忙于某些事情。要记住，我们的心永远在做选择。

牢记这点，然后重新建构自己过去的经验。例如，与其认为你因别人期望的束缚而受到压抑，要认清，是你自己的心**选择**活在别人的期望之下。与其认为因别人不喜欢你而让你饱受压力，还不如认清是你选择为别人的赞许而活。我们不希望经历失败与羞耻；这并非我们的选择，但是我们**的确**选择依赖别人，仰赖别人的批判。 这让我们又回到最核心的问题：你信靠谁?

圣经告诉我们，我们长久以来就是无可救药的偶像崇拜者。很久以前有巴力，但巴力并非最受宠的偶像，真正受青睐的一直都是财富与个人。 这两者一直都是最受欢迎的崇拜对象。 我们为什么选择这些偶像呢? 因为我们认为这些偶像可以满足我们，可以提供我们所渴望的事物。

让我们把这个事实应用到忧郁症上。 我们渴望获得喜爱、尊敬、荣耀、影响力、恩慈与爱。 某些事物可以用钱收买，但某些事物则需要他人给予，所以我们便依据这些人的期望、意见、标准来过活。 这些人成为我们的神。 我们的目的当然不在于成为他们的附属品。 我们的目标在于，借着取悦他们来获取自己所渴望的事物。 你给他们想要的，他们就会给你想要的。

但魔鬼就藏身于细节当中。 这个共识所附带的共同条款承诺了两件事情： 第一，这些人以外的人绝不会对你满意。 你绝不会好到能达到其他人的标准，你也绝不会从其他人那里得到所渴望的事物。 第二，你成为你所倚赖者的奴仆。 如果你倚赖金钱，你会像奴隶一般想获得财富，当你无法获得财富时，你就忧愁。 如果你倚赖人，你的一生会奉献于达成他们对你所望。

这并不是说想获得尊敬、想被爱，想从人际关系上有所得是错误的。 偶像崇拜经常是一桩好事，但是好事却失控了。 当你把人生目标从追求上帝的荣耀转为追求自己的荣耀时，你就可以知道事情出了差错。要记住，我们想把焦点放在自己身上，但焦点其实不应该在我们身上。

我们很难察觉自己逐渐将生活中的人物神格化。我们的心高举这些偶像的地位，我们背离上帝。有个方法可以让自己对所发生的事有所警觉。当你对上帝不冷不热，当你不再定睛于耶稣身上，那你就能肯定，偶像已经在你心中生根。如果你不崇拜这位真神，你就是崇拜他以外的事物。

更简单的方法是，你干脆就**假定**自己是崇拜偶像。我们的心能够在相信真理的时候，仍然心有二致。就像亚伦和以色列人，他们在等候摩西，并且相信这位真神已经解救他们脱离埃及之时，仍造了一只金牛犊。

以人为神

如果失败与羞耻符合你的经验，那你很可能是以人为神。你对人有所求，而他们还未实现所求。忧郁症不会让你幸免于使大家都苦恼的问题，我们都有一种冲动，让自己远离上帝，寻求人。

起初，忧郁症的孤立好像让我们远离其他人，不为旁人所动，但旁人其实在我们的自我批判中扮演重要的角色。一个真正孤立的人——被流放到荒岛的人——不需要和失败与羞耻打交道。没有人会计算你过去的失败，因为周围根本没有可倚赖之人。但你并非居住在荒岛上，你或许会试图让自己在心理上逃避到无人之境，但你周围仍旧有人，而他们的存在就提醒了你，你不及格。 此外，不管你逃到何方，你的心仍旧紧跟着你。 这是你无法借地理位置的改变而逃避的。

自我价值低，以及失败与羞耻的感受，不会因为我们对自己不满就产生。 我们信任他人，而我们认为**他们**对我们不满。 也许我们曾经历被自己视为重要的人公然排斥，然而实情是，我们并不真的需要别人开口批评我们。 当我们失败时，**我们自己**就能分辨好歹。 我们知道谁比我们能干，谁比我们英俊、漂亮，谁似乎比我们更能与别人亲密，谁比我们有更好的工作等等。 好像我们天生有种本能，能够在千百种不同的标准上，调查世事，然后在我们最在乎的事项上，我们的评比是中等或等而次之。 我们很害怕自己其实很平庸。

颠覆偶像

你当然明白，当我们提及倚赖任何上帝以外的事物时，我们是在谈论罪。 请别躲避这个话题，罪已经被那些虚伪地批判他人的人污名化了。 然而事实是，圣灵本身才是定罪的那位，当我们看见罪并且真心悔改时，上帝会很高兴。

认清罪的祝福之一是，我们能够有所作为。 我们能够呼求上帝的怜悯，蒙上帝垂怜，改变自己。 上帝赐下圣灵，所以我们不需要继续作罪的奴隶。我们的人生有出路。

当我们有所怀疑时，我们的出路就是回到基本的人生目的宣言：“我属上帝。我崇拜、取悦、荣耀上帝的方式就是信靠他，以顺服回应他。”爱上帝爱人，信靠顺服。在上帝良善的计划中，他认定这些寻常无奇的属灵行动，就是真实人性的最佳表现。

信靠。当我们倚赖他人对我们的评价，我们同时也传达了某种讯息给上帝。这个讯息就是：“我不信靠你”，“你不足以信靠”。你相信上帝给你天堂，但他能满足你心理上不断增长的渴望吗？当你感到自己像个**庸才**，他能让你至少在某些领域中**出类拔萃**吗？

但这些想法真是天差地远，我们的人生目的并不关乎自己，而是关乎上帝。因为这个理由，上帝似乎偏爱那些资质平庸、素质不佳的人。否则，人生目的恐怕就会和天赋才能有关了。

> 弟兄们哪，可见你们蒙召的，按着肉体有智慧的不多，有能力的不多，有尊贵的也不多。上帝却拣选了世上愚拙的，叫有智慧的羞愧；又拣选了世上软弱的，叫那强壮的羞愧。上帝也拣选了世上卑贱的，被人厌恶的，以及那无有的，为要废掉那有的。……如经上所记：“夸口的，当指着主夸口。”
>
> （《哥林多前书》一章26～28、31节）

因我什么时候软弱，什么时候就刚强了。

（《哥林多后书》十二章 10 节）

耶和华如此说：“智慧人不要因他的智慧夸口，勇士不要因他的勇力夸口，财主不要因他的财物夸口。夸口的却因他有聪明，认识我是耶和华，又知道我喜悦在世上施行慈爱、公平和公义，以此夸口。这是耶和华说的。”

（《耶利米书》九章 23～24 节）

人生不在于自己的成就，而在于如何宣扬耶稣的名。而其中一种方法就是告诉别人，拥有上帝就富足有余。毕竟，上帝是爱，这点已在十字架上证明。其他的爱再好，也不过就是指向真品的仿冒之作，无法喧宾夺主。

信靠上帝意味着我们需要耶稣。自我满足的追寻已经失败了，现在我们转向原本就是我们真正归属的那位。

信靠上帝有某种程度的自相矛盾。当我们信靠上帝时，我们是在说我们完全不配，这是真的，虽然这样说对我们的自我形象毫无帮助。然而，当我们信靠他时，犹如我们已安抵家门，万事顺遂。是的，也许我们还有许多难题，但是我们到家了，家的舒适与喜乐把生活中的难题减轻至麻烦的程度。我们拥有天父的爱，我们知道他是掌权的大君王，这就足够了。

认罪悔改。当你回转归向上帝，向他坦诚认错，告诉他你的心容易迷失，你高举偶像的倾向是难改的恶习。认罪悔改就是对上帝倾心吐意。虽然圣经鼓励我们，要把悔改当成每日与上帝交谈的事项（参考《马太福音》六章9~13节），但这个纪律经常被忽略。

悔改的首要原则就是，持续认罪悔改，直到你略有盼望或喜乐。悔改不是摇尾乞怜，而是信靠上帝；上帝喜爱赦罪之恩，因为这会带给他荣耀。还记得牧羊人找回失丧的那只羊时的喜乐吗？别忘了那个故事。

> 一个人若有一百只羊，一只走迷了路，你们的意思如何？他岂不撇下这九十九只，往山里去找那只迷路的羊吗？若是找着了，我实在告诉你们，他为这一只羊欢喜，比为那没有迷路的九十九只欢喜还大呢！你们在天上的父也是这样，不愿意这小子里失丧一个。
>
> （《马太福音》十八章12～14节）

是啊，你曾迷途，但你只要专心想着牧羊人失而复得的喜悦。事情就会和你原先所想的不一样。

顺服。 我们回应上帝的慈爱可以用爱你的邻舍作为总结。这种顺服的简单表现是治疗失败与羞耻的最佳良药。乍看之下，这好像有违常理，毕竟，我们的问题是，我们喜爱从他人那里获得好处；所以与他人有所隔离还比较有道理。 然而，这种爱有所不同，这是一种让人获得释放，而非受辖制的爱。 在接受耶稣的爱以后，我们愿意对别人说：“我愿意爱你的心大过我希望被爱［奉承、感谢、尊敬］的心。”

你能想象这其中的自由吗？ 我们不再受流俗所困。 受到排挤也不再像以前那样控制我们。 取而代之的是，我们不断回到这个问题：“我们该如何爱人呢？”

开启重生之路

请注意这个主题和怒气之间的连结。如果怒气是我们对别人的批判,那么自我价值低似乎就是我们对自己的批判。我们告诉自己:“我错了,我应该受谴责。”如果我们把自尊心低落叫作怀恨自己或自我谴责,这和怒气之间的连结就更为明显。

当你转向耶稣基督,这些批判就变得不重要了。你不必说:“我很特别,因为上帝爱我。”这话是真的,但这不是急迫的课题。你也无须说:“多么可悲啊,崇拜偶像的可怜虫。”这话也是真的，但同样不是急迫的课题。重要的是，你不再常常想到自己。你还是会注意到自己的成功与失败，但它们不能再像从前那样捆绑你了。

第19章
罪恶感与律法主义

失败与羞耻是路标。你听到人们说，“你在上帝面前不及格。”基本上，如果你在自己与他人的人际关系上看见某种问题，那么，你会在你与上帝的关系上发现一模一样的问题。如果你对别人生气，你就会发现你对上帝有怒气；如果你不爱别人，你就不爱上帝；如果你觉得自己好像无法达到自己或别人的期望，那么你也觉得自己没有达到上帝的标准。面对别人时所谓的失败、羞耻、未达期望，在上帝面前，我们称之为罪恶感。

为了明白这点，你必须记住，我们不总是会注意到对自己有影响的事物。就在此时此刻，成千上万的人直接或间接地对你的生活有贡献。他们影响你此刻的情绪、思想和梦想，但你对他们却无知无觉。所以，不管我们是否有意识地想到上帝，这位我们永远活在他眼前的真神都会影响我们，其实并不令人惊讶。

罪恶感何在?

“罗拉胖了好多——好难看! ”

当你对罗拉以外的人讲这句话时，你不会感到有罪恶感。 但是如果罗拉不小心听到了呢? 你要么就是希望以后永远不要再碰到她，要么就是得不停地向她赔罪。 为什么你对自己错误的行为，此时是如此不在意，但下一刻却感到羞耻呢? 其间的差别当然在于罗拉在场与否。

圣经教导我们，我们都认识上帝，但我们企图把对上帝的认识放得远远的。 对那些成功压抑这种认识的人，上帝显得好遥远，罪恶感也是遥远的记忆。 然而对其他人而言，我们对上帝的认识不断增长，而罪恶感则明显可见，并且对我们造成的影响，胜过我们可想见的。 不过这是一个好兆头——这是一种恩赐! 这表示上帝在你的生命中运行，赐给你恩典，让你看见罪恶，能做出改变，而不是对罪视若无睹。

如果你无法立刻在生命中找到罪恶感，下列问题或许有助于让罪恶感浮现出来:

- 如果你今日得以和上帝面对面，有没有什么事情会让你感到羞耻?
- 如果你所有私密的想法被广为传播，你会不会想躲藏起来?

- 如果你确定自己一切的罪都得赦免，那会是何种感觉？ 你的人生会感到有所不同吗？
- 如果你知道你在天上的父，满怀热情地接纳你，那会是何种景况？

人会谈论罪恶感的唯一时间，是在主日的讲道中。 我们平日不谈论罪恶感，也不习惯寻找罪恶感。 但是只要你耐着性子，就会有所收获。

罪恶感的种类

我们会感到罪恶感的原因有几点：

1. 我们感到有罪恶感是**应该的**，因为我们爱罪恶胜于爱上帝，并且我们准备继续犯罪。 我们偶尔会抛出“我不过是个人”这种借口。
2. 我们感到有罪恶感，因为我们没有向上帝认罪。“我向你陈明我的罪，不隐瞒我的恶。我说：我要向耶和华承认我的过犯，你就赦免我的罪恶。”(《诗篇》三十二篇5节)
3. 我们感到有罪恶感，因为我们过去的罪仍有后续效应。 例如，有位家人因为你酒后驾车而受到严重创伤，而你每天都会见到这位家人。 假设你已忏悔并有适当的补偿，那么在上帝面前，更准确地来说，这应该是悲伤而不是罪恶感。

4. 我们感到有罪恶感，但我们真正感受到的是一种不洁，因为我们曾受到别人侵犯。有时候因自己犯罪而有的不洁感，与因别人犯罪而有的不洁感很难区分。然而这两者之间，大有不同。
5. 我们感到有罪恶感，因为我们认为自己应该有所作为，才能获得饶恕。

最后这种罪恶感与忧郁症特别有关联。

福音

十字架的故事又称为福音，意思就是好消息。它之所以成为好消息，是因为其中有上帝所赐的赦罪之恩。赦罪之恩是借由相信耶稣基督得到的，而非凭借自己的好行为。这就是为什么我们一而再、再而三地听到信靠耶稣的呼声。如果我们的生命能有任何坚实的倚靠，那就是借着耶稣基督所成就的事来信靠上帝。

> 我不以福音为耻；这福音本是上帝的大能，要救一切相信的……因为上帝的义正在这福音上显明出来；这义是本于信，以至于信。如经上所记："义人必因信得生。"
>
> （《罗马书》一章 16～17 节）

你们得救在于悔改和安息，你们得力在于平静和信靠。但你们竟不愿意。

（《以赛亚书》三十章15节，新译本）

这一切千真万确都是上帝所赐予的，没有人能够凭空捏造如此一厢情愿的情节。我们冒犯上帝——这就是我们所能献给上帝的。但上帝不放弃我们，差遣爱子承担死亡的工价，他接纳我们为儿女，赐给我们耶稣的公义，改变我们，让我们一天比一天更有他的形象，他以永生爱我们。他只是告诉我们，要信靠他，不要倚赖自己。

律法主义：反福音

你可能会以为，一旦听闻这个大好佳音，我们就会全然接纳。我们找到了那颗最贵重的珍珠。我们收到了一份最伟大、最珍贵的礼物，赠与者乐意将这个礼物馈赠给我们，因为他爱我们。我们找到了！这是我们长久等候的宝藏。我们过去所追求和暂时崇拜的一切，只是这份惊人礼物的赝品。想到手上的这个礼物，我们永远不会再去追求过去的那一切了。

你**以为**这是我们该有的反应，但是有时候连我们自己都诧异自己的反应。不知为何，我们喜欢老派的做法，就是我们得自食其力。也许这让我们觉得自己没有什么可献宝之处，太卑微了。毕竟只有孩子才会被认为能有所求，而这正是福音对我们的要求，我们必须说：“我需要耶稣”。因此，我们干脆转而要求福音以外的事物。

这种反福音的思想称为律法主义，靠行为称义，或生活在律法之下。这只不过代表我们既信靠耶稣，**也**信靠自己的好行为。在新约圣经中，割礼是画蛇添足的行为。现在既然已经废除了割礼，但我们另有创意的替代行为，不胜枚举。我们增加了上百种的各式活动，有些听起来还满虔诚的。举例来说，在中世纪，人们会鞭打自己以表示为罪悲恸，现在则有禁食主义者让自己饿肚子，另外则有些人在自责中一蹶不振。

如果你没有认真思考，这些行为乍听起来好像很虔诚，为罪悔改。然而你会发现，当你在耶稣基督所成就的事情上增添**任何举动**，都有损上帝的荣耀，也否认了上帝的恩典够用。我们可以企图为自己找借口，说福音似乎太美妙了，不可能是真的。但无论我们怎么说，当我们为福音增添任何一点一滴，我们就轻看了上帝完全的作为。这些基本上都是试图借着自己的努力，获得赏赐，来掠夺上帝的荣耀。

律法主义的痕迹

律法主义比你所想的还要普遍，这是另一个盘踞在每个人内心的人性本能。

- 你曾说过“我就是无法原谅自己”吗?
- 你的生活中常出现“要是……,就……”的情形吗?
- 别人是否说你很有野心?
- 你是否仍受过去过犯的困扰?
- 你相信上帝一直对你很失望?
- 你相信上帝在你恪守律法时更喜欢你吗?
- 你会不会跟上帝讨价还价:“如果你……,我就……”呢?

你能否听出这些问题中的不妥之处? 你与上帝的关系取决于你的因素,多过取决于上帝的因素。

想想你自己可能在福音中掺杂些什么成分。 在上帝+ ________ 里面,我找到了生命:

- 教会中的服侍。
- 读经。
- 对人不苛刻。
- 尽量诚实。
- 不醉酒。
- 谨慎看待两性关系。

你看，这些都是好事。让这些事情显得丑陋的，是背后驱使我们做这些事的动机。如果你做这些事是想让上帝更爱你，那它们就一文不值。当这些事情成为我们所倚赖的行为时，它们就令人憎恶，因为它们取代了上帝。

我们在福音中增加这些事项，因为这会让我们在**远离**上帝时，仍能感到对自己满意，这也让我们有批判他人的基础。如果我们能平安过日子，并达到自己所定的标准，我们就成功了（不管时间多么短暂），我们就有资格批评那些不够格的人。

即使是上帝也无法躲避我们的批评。“尽管我不得不和一个严苛的父亲一起生活，但我一直都是个好女儿。上帝为什么要这样对待我？”如果我们做对事情，就觉得自己有权利要求回报；当我们无法获得回报时，我们就会生气或抑郁。

有了这层了解以后，我们还可以举出更多律法主义的其他征兆：

- “我做出这么多贡献以后，这就是我的回报吗？”
- “生命真不公平。”

律法主义有小而短暂的回报，但是律法主义缺乏情感上的喜乐（参考《加拉太书》四章 15 节）。难道还有别的可能吗？如果你相信自己最重要的关系就是去仰赖和讨好一位易怒、易受刺激的上帝，那么不管你做了多少善工，都不能确定这样做就足够了。

实际上，无论我们有什么好行为，都应该是对上帝为我们所成就之事的**回应**，而不是因我们的好行为才带来恩典。 上帝的恩典与慈爱**先于**我们的好行为，他在我们爱他、认识他以先就先爱我们了。 事实既是如此，为什么我们现在还以为自己可以赢取上帝的认同呢？

简在十年前堕胎，从那时起，她就陷入忧郁中，她仍对自己的行为有罪恶感。 她的朋友们还是很爱她，告诉她赦罪之恩的道理，她也明白十字架救恩，但这些好像都不管用。 她的罪恶感就像具有抗药性的病毒，让她对福音免疫。

律法主义解释了简痛苦的原因，在她身上有着随从反福音的各项印记。 如果她所信仰的福音单单是耶稣基督，那么她为罪悲伤的心，渐渐会被感恩的心所取代。 然而，对简而言，福音似乎根本与之无关。 当福音与此无关时，反福音就会取而代之。 她所持的反福音就是，生命与赦免借由耶稣**加上**没有堕胎而来。

既然她违反了自己的信念与标准，她就“必须”接受惩罚。 她无法改变堕胎的结果，所以她决定加诸自己的惩罚就是悲伤，并且是漫长而严厉的惩罚。 或许经过一段时日，她会允许自己被赦免。

但是她的惩罚究竟该有多严厉，历时多长呢？ 她几度企图自杀，每日反省自己过去的行为，但她还是认为不够。 所以她一直滞留在悲伤中，盼望自己有一天醒来时会发现，自己所受的惩罚终于满足了上帝的公义。

回转

“告诉我，谁希望活在律法之下？”保罗给教会的书信这样写着。 如果我们在耶稣基督所成就的事上，加添任何事物，福音就成为加诸自己的新律法。 但是保罗说，我们其实喜爱这种安排。

要离弃根深蒂固的律法主义是一个直截了当的过程，但是你必须有数度尝试的准备，不可能一蹴即成。 在保罗写给加拉太教会的书信中，他整理出几个论点，说服大家相信耶稣基督的真理，以及律法主义者的谬误：

- 他表达自己对人离开基督恩典的诧异（参考《加拉太书》一章 6 节）。
- 他建立自己以权威说话的资格（参考《加拉太书》一章 11 节～二章 14 节）。
- 他引亚伯拉罕为例，说明我们先被赋予凭信接受的应许，之后才有生活的律法。 律法是对上帝恩典的回应（参考《加拉太书》三章 1～25 节）。
- 他引述上帝拣选亚伯拉罕的应许之子以撒，而非拣选以实玛利，亚伯拉罕的血气之子（参考《加拉太书》四章 21～31 节）。

- 他提醒我们，单凭恩典才能让我们免于种族与任何形式的骄傲。如果在上帝恩典之上加添自己的善工，我们就不再是借由耶稣基督所召聚的合一子民，而是一小群自认为强过别人的党羽（参考《加拉太书》三章 26～29 节）。
- 保罗不断强调，他希望我们是自由之身，而只有在我们承认耶稣基督已完成善工之时，我们才能寻获自由（参考《加拉太书》五章 1～5 节）。

保罗以这段有名的颂赞，总结他对律法主义的教导："唯有那借着爱表达出来的信，才有用处。"(《加拉太书》五章 6 节，新译本)如果这话为真（这话的确为真），我们这些律法主义者应该如此回应："上帝啊，赦免我。"我们一直倚赖自己所能成就的事物，而没有仰赖上帝的恩典。我们过去真的很自大，以为能以自己的功劳来取悦上帝。我们会这样想，一定是因为对罪的理解太过浅薄。

简因为堕胎而有罪恶感，但是对于自己的小信以及其他日常过犯，她又怎样看待呢？当她夸大堕胎的罪行，转而惩罚自己，却无视自己其余的过犯。她其实是小看了自己其他的过犯，她并没有因为那些过犯而惩罚自己。如果她想借人为的努力来取悦上帝，那她就有义务遵行**全部的**律法（参考《加拉太书》五章 3 节），而这当然是办不到的。

简唯一的出路就是说出："主啊，赦免我。"——不是因为她堕胎（她已经忏悔过上千次了），而是因为她企图用人为的努力，而非凭信心来对付罪。 然后她应该在十字架的荫庇下，每天牢记，她之所以能在上帝面前站立，是因为上帝的恩典，而非凭自己的努力，然后继续肩负起奇妙的使命，爱周遭的人。

开启重生之路

就简的案例来说，律法主义是她罹患忧郁症的原因。如果律法主义不是导致你忧郁的**原因**之一，忧郁症一定会让律法主义**无所遁形**。当你看得见律法主义，你就有盼望；当你看见自己的律法主义，你就走上正确的道路了。当你面对、处理这个问题，喜乐就唾手可得。加拉太的信徒正经历严峻的困难，但律法主义夺去他们的喜乐，而回归福音的核心，就可以让喜乐重现。

你若想知道另一个律法主义的故事，可以读读《腓立比书》三章4至11节。保罗回顾自己的一生，细数自己的诸多成就，他告诉我们，这些光彩比起耶稣基督借由信仰所赐予我们的恩典，是毫无价值的。

想想看，你在何处发现自己的律法主义？

第20章 死亡

作为上帝的儿女，我们渴望生命。上帝是生命的创造者；上帝说，生命是一件美好的事，我们默然同意。你也本能地渴望生命，如果死亡是个选项，你根本不会选择。你甚至想都不曾想过死亡的问题，然而，现在死亡却近在眼前。

当死亡来临，连你也吓一跳，这个念头如此陌生，好像是旁人硬塞在你的脑海中。当死亡擦身而过，你觉得自己像个旁观者，但时间久了，这些令人震惊的想法却越来越寻常。对某些人而言，死亡令人厌恶，但是对另一些人而言，这些想法最后竟让人觉得舒坦，甚至觉得这样自然、美好又正确。

如果你有忧郁症，你和死亡会有一种既爱又恨的复杂关联。值得感谢的是，恐惧以及其他环境因素让许多人不致冲动行事。但恐惧并非持久的拦阻，在忧郁中，一时的冲动可能超越恐惧。请多花时间，对自己的绝望作更深入的思考。

自杀的念头

自杀的念头也有**某些**道理。撇开上帝来检验生命，死亡的想法的确很有道理。《传道书》作者看透这一点，当尼采（Nietzsche）就各种实际考虑而宣判上帝已死时，他也看到这层道理。当上帝已死，生命别无目的，再无未来，我们也就跟着死去。

然而自杀的念头只看到片面真相，事实上，自杀的想法**坚持**可见的部分真相——能支持它诠释现实的那一部分。如果你有自杀的念头，它的逻辑清晰而简单，但它却是非理性的想法。

- 你确信自己会有个悲惨的未来，但你向来都只预言悲剧发生。而很惨的是，你一直是个不准确的预言家。
- 你认为死亡是唯一的选项，可是你忘记自己也有不怎么伤痛的时候。你也忘记自己曾做过一些让痛苦稍可忍受的事情。
- 你认为如果自己自杀了，没有人会在乎，但是你却无视那些曾试图帮助你的亲友，而且你知道，自杀后会留下一群哀悼的亲友，他们的生命将永远被改变。
- 你认为上帝既听不见你的悲伤，也不在乎你，但你也相信天国是个无忧无痛的乐园。
- 你认为自己必须解决无解的问题，但上帝呼召你的课题其实没那么伟大，上帝的呼召很平凡。上帝呼召你放眼周遭，忠于他摆在你面前的人生课题。

然而你的心思被死亡盘踞。明知上帝就是生命，光是这个事实就应该让你对自己的理解起疑。你甚至能从考虑自杀的方法中得到不恰当的满足。但是尝过地狱的滋味后，你害怕死亡，担心死亡会给你的生命带来**强烈打击**。[1]“恐惧”笼罩着你，像个观看恐怖片的孩子一样，你遮住自己的眼睛，却从指缝间偷窥。

> 恐惧是渴望自己所惧怕的事物，是对厌恶之事的同情；恐惧是控制一个人的外在力量，但你无法从中解脱，虽非所愿……但却被自己所恐惧的事物吸引。[2]

这种似是而非、自相矛盾的论调，不胜枚举。你觉得自己比任何一个活着的人都郁郁寡欢；你身陷痛苦的渊薮，感到无助，却毫无反击之力。然而，沉溺在自杀念头中是世人自主、拥有控制权的最高表现。你跟所有人的建议唱反调，继续思索死亡与自杀之道。你选择个人主义，自定律法，随心所欲，做自己爱做的事。这听起来像是独立宣言，似乎很愤怒。

然而，你所知道的只是，你再也无法忍受痛苦。无法再忍受了，但眼前却没有解脱之日。你已经受够了。其他事物都无关紧要。

为什么?

当你身处忧郁中，你很少挑战自己的思想。当忧郁症带来自杀的念头时，你甚至更不会挑战这种念头。然而这件事太重要了，我们不能不做检验。

你想寻死，因为你无法再忍受这种痛苦了。但你想过自己的痛苦来自哪里吗? 你的痛苦不可能无端而起。

- 你的痛苦总是这么强烈吗? 还是有高低起伏? 什么事情会让痛苦加剧? 什么事情会让痛苦稍减? 在你最痛苦的时刻，你忘记自己不是一直这么痛苦的。
- 你失去过什么让你极度珍惜的东西? 什么是你相信自己需要却又无法拥有的? 从这些问题中，你会发现什么是自己所信靠的。
- 你害怕面对什么事? 羞耻已经领许多人步入痛苦，但上帝的赦免能遮盖罪恶感和羞耻感。
- 你的痛苦与别人有关吗? 如果有，圣经中充满请求原谅、饶恕人，以及与人和好的指望。
- 你希望死亡能起什么作用? 你希望死亡能带走痛苦，还有呢? 死亡是否也是对某人的宣告呢?

- 你为什么觉得无能？ 你听别人的劝告吗？ 他们对你说过什么？ 你又做了些什么？
- 说真的，你为什么不想活下去？

上帝是谁？

我们的痛苦和我们与上帝之间的关系并不总是明显的，但是自杀的念头使两者的关联不可避免。 苦难总是掀起神学问题，但是死亡和自杀让这些问题更显急迫。 死亡是宗教仍然主导所有讨论的地方。 更重要的是，死亡代表你将与上帝相遇。

- 上帝是谁？
- 你相信上帝听见我们的苦情吗？ 你相信上帝大有怜悯吗？ 你相信上帝的怜悯是主动的——你相信他现在正在动工吗？ 你相信他赐恩典给在试炼中忍耐的人吗？ 你相信他明白你受苦的点点滴滴，并且每天赐你足够的恩典吗？ 如果你相信这些真理，对于你来说会有所不同吗？
- 你是否知道复活后的耶稣"常用他权能的命令托住万有"（参考《希伯来书》一章 3 节）？
- 你真的试图了解上帝对你现况的心意吗？ 你和谁交谈过？ 有人提议自杀是明智之举吗？ 你读过哪些经文？ 你如何为

自己祷告?

- 你了解福音吗? 福音关乎救赎之道，而救赎正是盼望的基础。

如果你认为自杀是好的、必要的一个选择，你就还不认识上帝。你认为他是沉默的神，但他不是。他乐于以各种方式显现自己，他的话语清楚，诉说对你的宽容与慈爱。他呼召你信靠他，并以爱人来表达你对他的信靠。他说他赐你能忍耐的恩典，教导你如何忍耐。也许你从前所听信的话语并非出于上帝。

再读读《约伯记》的结局（参考《约伯记》三十八～四十二章）。约伯肉体与心灵都在受苦，他比圣经中任何人物与死亡搏斗都更彻底。在这场搏斗中，他凭信忍耐，但他也觉得自己对上帝所求比以前更多，他渴望更认识上帝的作为。

上帝的回应是，以同情的口吻叙述自己是上帝。他开始质问约伯:

> 你要如勇士束腰;我问你,你可以指示我。
>
> 我立大地根基的时候,你在哪里呢? 你若有聪明,只管说吧!
>
> 你若晓得就说,是谁定地的尺度? 是谁把准绳拉在其上?

地的根基安置在何处？地的角石是谁安放的？那时，晨星一同歌唱；上帝的众子也都欢呼。

海水冲出，如出胎胞，那时谁将它关闭呢？是我用云彩当海的衣服，用幽暗当包裹它的布，为它定界限，又安门和闩，说："你只可到这里，不可越过；你狂傲的浪要到此止住。"

（《约伯记》三十八章 3～11 节）

记得要读完上帝所有的问题，这些问题会让你看见一个更伟大的故事。它们至少能让你的目光从你眼前巨大的痛苦中转移，为你指向盼望的实体。

不超过你能忍受的吗？

如果你要寻找答案，《约伯记》只是其中一处。你能找到答案的另一个地方是上帝的应许。

你们所遇见的试探，无非是人所能受的。上帝是信实的，必不叫你们受试探过于所能受的；在受试探的时候，总要给你们开一条出路，叫你们能忍受得住。

（《哥林多前书》十章 13 节）

这是较为人熟知的一个应许，看起来好像是上帝不按常理出牌，因为严重的忧郁症感觉上好像超过你所能忍受的。 因此，基于两个原因，好好思考这点很重要。 首先，这是一个偌大的应许。 其次，如果你开始相信上帝的应许并非总是真的，那你可能会开始质疑，上帝的应许在其他地方或许也有例外。 这种质疑会腐蚀信仰。

当你再读下去，这些章节再次叙述以色列人出埃及时，在旷野中的挣扎。 大难当头，许多人很快遗弃上帝，要么就是对上帝发怨言，要么就是转向偶像崇拜。 这段经文说到，你也会经历旷野，然而当你经历旷野时，圣灵会赐给你力量，让你能不发怨言，逃避偶像。 上帝的应许是，他绝不会放任我们在别无选择的处境中犯罪而置之不理。 他会减轻试探的强度，或是赐下恩典，让我们在困境中仍能信靠顺服。 这个应许表明，忧郁症也无法强迫我们犯罪。

这段经文常会导致毫不在乎与冷漠的回应，这表明大家心中都有不理性的成分。 从我们的观点来看，上帝所言，我们只愿意听到一件事： 希望他把痛苦拿掉。 然而从上帝的观点来看，他所能给我们的最重要的东西就是，当我们觉得无能为力时，我们还有力量信靠顺服。 在上帝的心目中，罪的问题比苦难严重，而在我们的心目中，两者的分量恰好相反。

这就是一个起点，把眼前的绝望视为罪。 你要么就是仰望耶稣基督以外的事物，这是罪；要么就是像那些旷野中的以色列人，认为上帝的话语不真实，而这就是不信的罪。

上帝不但原谅这些顶撞他的罪，他还赐给你力量，让你在上帝里面有盼望。在绝望的深渊中，你能否请求上帝，在你的苦难中赐下恩典，让你能抵抗罪恶，信靠上帝?

你唯一的安慰是什么?

约伯打开我们的双眼，让我们看见上帝的伟大。而《哥林多前书》十章13节的应许亦开启我们的双眼，让我们看见我们的罪比我们的苦难更严重的事实。其他许多经节也打开我们的眼睛，看见抚慰自己百姓的那位上帝。基督是好牧人，他的同在安慰群羊。他就是呼喊“要安慰，安慰我的百姓”（参考《以赛亚书》四十章1节）的那位，也是被称为“赐各样安慰的上帝”（参考《哥林多后书》一章3节）的那位。

这种安慰从何而来呢？乃是靠恳求而来。恳求上帝打开我们的心眼，得见慰藉。安慰也是靠寻找得来。你可以请求旁人指路。你所寻求的慰藉，是可以找到的，可以在耶稣基督身上找到。

- **第一个问题：** 你在生命与死亡的课题上唯一的安慰为何?
- **答案：** 我的安慰是，我的肉体与灵魂、生命与死亡并不属于我自己，而是属于我所信仰的救赎者耶稣基督，他以自己的宝血为代价，偿还我一切的罪债，让我完全脱离那恶者的掌控；我的安慰是，上帝保守看顾我，若非我天父的旨意，我连一根头发都不会掉落，的确，每件事都必须符合他救赎我的目的。因此，借着他的圣灵，他保证永恒的生命，让我从此刻起，满心愿意，向他而活。[3]

这种安慰分成两个部分：经由我们对耶稣的认识，以及经由我们因信仰而属于他的事实。

你不属于你自己。这无疑给生命带来目标、盼望和安慰。“因为你们是重价买来的。”(《哥林多前书》六章20节)“不是凭着能坏的金银等物，乃是凭着基督的宝血，如同无瑕疵、无玷污的羔羊之血。”(《彼得前书》一章18～19节)“并且你们是属基督的。基督又是属上帝的。”(《哥林多前书》三章23节)

如果你自己是雇主，并不在乎自己事业成功或失败，那你就没有工作的理由。偶尔，你可能会早起，为了所爱的家人去上班，但你的心根本不在工作上。然而，如果你是一位接受国王任命的大使，你不会犹豫是否该起床。你会起床，因为肩负使命。

你说，上帝很容易就可以找到替代人选，反正他有成千上万的人选，又不缺你一人。你要小心自己这种想法，要在其中细细省察，因为谎言可能和真理交错在一起。当然，上帝呼召众多子民归向他自己，而他会完成自己的目的。然而事实是，他拣选人，特别是拣选软弱的人，来完成他的使命。上帝拣选每个人，且早在天地立定根基以先，就确立我们的职责（参考《以弗所书》二章 10 节）。我们的安慰就是，**你**属于上帝。

开启重生之路

你愿祈祷自己也能和使徒保罗一样，去活出这首赞美诗吗？

> 愿颂赞归与我们的主耶稣基督的父神，就是发慈悲的父，赐各样安慰的上帝。我们在一切患难中，他就安慰我们，叫我们能用上帝所赐的安慰，去安慰那遭各样患难的人。
>
> （《哥林多后书》一章 3～4 节）

你为什么会想到死亡？当你以自杀的念头为盼望时，上帝对你说了什么？

第三部

陪他同行

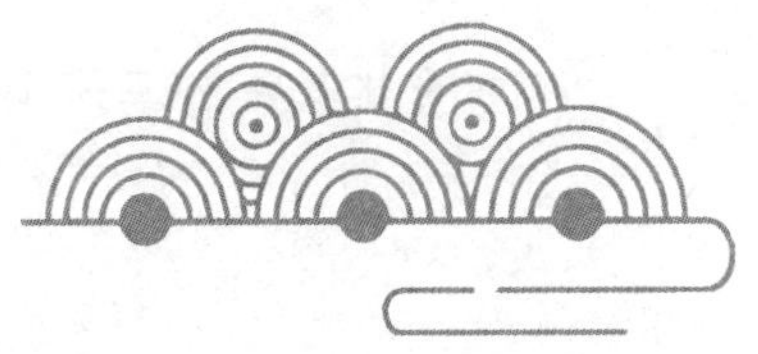

“所以，我们不丧胆。外体虽然毁坏，内心却一天新似一天。我们这至暂至轻的苦楚，要为我们成就极重无比永远的荣耀。”

（《哥林多后书》四章 16～18 节）

第21章 药物治疗

忧郁症关乎全人，包括肉体与心灵。 心灵忙于诠释痛苦的环境，辨识敌我，身体就是觉得病了。

按照圣经的教导，心是首要的问题。

> 操练身体，益处还少。唯独敬虔[属灵的操练]，凡事都有益处，因有今生和来生的应许。
>
> （《提摩太前书》四章 8 节）

在苦难中，人心才是真正的战场，需要最大的关注。 当你学习仰望基督，你的努力将有永生的益处。 但好处不只是这样，因为你的肉体与心灵紧密契合，肉体会因属灵成长而有所反应。 换言之，当你有圣灵、圣经以及智慧的朋友引导你时，你应该会感到轻松一点（参考《哥林多后书》四章 16～18 节），痛苦不会再有那么大的破坏力。

当前的大多数想法往往忽略了忧郁症的属灵实质。（请记住，这并不表示忧郁症总有属灵的原因；这意味着忧郁症常常伴随着有关上帝、我们自己、盼望和意义等问题而来。）现代的方法专注于身体的治疗，这些治疗的确可以减轻忧郁症的生理症状，比如嗜睡、无法集中注意力，甚至情绪本身。基本规律是这样的：生理治疗可能缓解生理症状，当忧郁症爆发时，多数人乐意去除一些生理症状。但是生理治疗不能医治内疚、恐惧、自责以及其他明显的灵命症状。

抗忧郁药物就是这些治疗中广为人知且最为盛行的方法。坊间的生理治疗有上百种，多数可以改变忧郁症的生理症状，或许能够让你觉得减轻痛苦，却不会为你带来盼望。

抗忧郁药物

大家普遍同意，抗忧郁药物能够让某些忧郁症患者感觉好一些。事实上，有时候忧郁症状能够大幅减轻，这是抗忧郁药物的主要优势。

但是抗忧郁药物仍有许多未知的地方。例如，我们并不知道这些药物为何有效。最普遍的假设是，忧郁症和脑中缺乏血清素这种化学物质有部分关联。许多新的抗忧郁药物，称为血清再吸收抑制剂（SSRIs），让脑中能有充足的血清素。如果这些药物能改善忧郁症，那似乎可以确定，忧郁症是因为脑中某种特定的化学物质失衡引起的。 然而我们脑中有超过五十种的神经传导物质，它们遍布大脑各区，它们彼此之间互相作用的事实挑战现有的分析。 事实就是，这些生理性假设依然只是理论上的。

当抗忧郁药物有所帮助时，我们不知道原因。 人脑真是太复杂了，而我们对其机制的认识又太粗浅。 今年最受瞩目的神经传导物质是血清素，过去几年则是多巴胺，将来又会是别种脑内化学物质。 我们仍有许多问题待解。

- 我们不知道为什么药物对某些人有帮助。
- 我们不知道为什么这些药物对另外一些人**并没有**帮助。
- 我们不知道为什么对同一个人，某些药物会比较有效。
- 我们不知道为什么化学作用不同的药物却有类似的功效。
- 我们不知道为什么抗忧郁药物对似乎毫不相干的问题，比如妄想和强迫症行为，会有相同的功效。
- 我们不明白为什么得花上一个月的时间，药物才能生效。
- 我们不明白为什么抗忧郁药物吃上一段时间后会失去功效。

目前来看，抗忧郁药物的作用方式似乎和阿司匹林相仿。 阿司匹林能减轻症状，但无法真正根治病因。 同样的，抗忧郁药物能够帮助减轻病情，即使病理检验无法显示有“化学物质平衡”。

目前没有血液检验能证实缺乏某种化学物质是忧郁症的原因。

你该使用药物治疗吗？很可能你已经这么做了。如果你还没有使用药物治疗，就要在有充分认知的情形下，做出智慧的选择：

药物治疗与无药物治疗。我们并不清楚药物治疗是否比辅导治疗更有帮助。（老实说，我们也不清楚辅导是否比和一个有智慧的友人交谈更好。）即使是极度严重的忧郁症案例，仔细分析证据后，也未显示药物治疗一定优于坊间的非宗教性辅导。[1] 如果你愿意让圣经引导你，你**至少**能期待类似的效果。

副作用。任何药物都可能有副作用，抗忧郁药物也不例外。一般而言，它们的副作用并不严重，但有些人反应不佳，甚至停止服药。口干舌燥和性功能障碍是最常见的副作用。

长期使用。虽然有人使用抗忧郁药物多年，但我们对抗忧郁药物的长期效用仍不确定。我们知道某些抗忧郁药物经过一段时日会失去功效——就是所谓的“疲乏效应”。还有越来越多的证据显示，抗忧郁药物会令人上瘾，停用过程必须谨慎观察。这个过程的困难在于，减轻药量的后果与忧郁症本身的症状很难区分，因而导致当你停用药物时，可能会把自己的感受误判为忧郁症复发，而实际上你正经历停药的症状。

基本原则。如果你已使用药物治疗，你比药物治疗前感到症状好转还是恶化？如果你的情况与之前无异，或是更趋恶化，那就需要和医师讨论改善之道。

如果你处在忧郁的景况中还没有接受药物治疗，可以立即尝试接受药物治疗，或者暂缓这个决定。一旦你开始接受药物治疗，你就会一直倚赖药物。[2] 如果你决定等待，那就花点时间主动"用心摸索"，重新学习福音。尝试将福音充满你生活的每一个角落和缝隙，直到你看到真正的盼望。也有许多人说，规律运动有助于康复。这些事情或许能解除你的痛苦，超乎你的预期。另一个暂缓药物治疗的好处是，如果你一次尝试一种"治疗方式"，你会比较容易厘清哪种方法真正有益。例如，如果你在开始严肃探讨自己内心世界的同时开始药物治疗，你就不知道你所经验到的任何改善，是来自灵性的变化，还是来自药物治疗。

某些忧郁症患者有高度的自杀倾向，或是极度消极。这些男男女女无疑正在与内心的核心问题争战，你应该坚持以有创意的方式宣扬福音。然而，在这种情形下，家人通常也会寻求药物治疗，努力找出**任何**合理的方式来提供帮助。在这种情形下，最令人担忧的是，如果忧郁症患者考虑以用药过量作为自杀计划——因为大量使用抗忧郁药物足以致命——家人应该限制忧郁症患者所能经手的药量。

你若有疑问，应该寻求牧师、辅导员、医师或有圣经智慧及忧郁症经验者的建议。

医学检验

在药物治疗的讨论中容易受忽略的是，忧郁症可能是由数个病理问题所引起。在多数案例中，无法找到可治疗的诊断，然而如果你的忧郁症病史无法和特定的情境清楚相关，那就要请医师为你做一次健康检查（见下表）[3]。

帕金森症	甲状腺机能亢进
中风	甲状腺机能低落
多发性硬化症	库欣氏病
癫痫	经前忧郁症
头部外伤	病毒或细菌感染
红斑狼疮	特定类型的头痛
缺乏维生素	心脏病
手术后的改变	药物副作用
艾滋病	慢性疲劳
肝炎	各类长期慢性病
产后变化	

有忧郁症状的疾病

在这张清单中，产后忧郁症广为人知。轻微与短暂的产后忧郁非常普遍，许多妇女会在生产后经历一段忧郁时期，因为她们刚刚经历过一场身体的奋战，需要时间复原。有些经历过重大手术的人也有相同的经验。然而有些妇女经历了更严重、为时甚长的忧郁症。这种严重忧郁症的成因不明，抗忧郁药物可能会有所帮助，妇女应该考虑接受药物治疗。 此外，既然非宗教性的非医疗性协谈与鼓励对这些妇女也多有帮助[4]，那么我们可以预见，圣经话语的帮助、鼓舞与指导应该会更具功效。

其他生理治疗

因为忧郁症如此常见，却又缺乏绝对的医疗方法，所以各种可能的治疗方式应运而生。 比较常见的有，仿照日光的光疗法（针对季节性忧郁症患者）、草药疗法、运动、饮食、大量维生素和使用原先并非为治疗忧郁症而研发的药物。 比较有技术性的医疗程序包括： 经颅磁刺激（transcranial magnetic stimulation），以及电休克疗法（ECT, electroconvulsive therapy）。 电休克疗法引人瞩目，因为经过十九世纪七八十年代一段时间的沉寂后，针对重度忧郁症，它再次成为一种受欢迎的疗法。[5]

对于这些生理治疗方式，我们要问的不是：“这些疗法正确与否？”而是该问：“这些疗法是否明智？”我们要应用智慧法则。 某些疗法，比如饮食与运动方式的适度调整，花费有限，风险也低，无须多虑。 然而另外一些疗法则带有更高风险，因此，对治疗进行仔细研究，虔诚地祷告，并寻求有经验的人及专业团体的意见，这些做法将是明智的选择。

生理治疗的文化

我们该庆幸自己生活在一个对忧郁症的身体痛苦有解救之方的

时代，但还是值得去检验产生这些治疗方式的文化背景。例如说，现代思维的一个特色就是，我们对医学有很深的期望。因此医学不仅能够成为我们的偶像，任何有医药科学支持的治疗方法，都可能强化其安慰剂的效应。我的意思是，医药治疗能够改变忧郁症的体验，不是因为它本身是有效的疗法，而是因为我们对这种疗法寄予厚望，而我们的期望改写了自身忧郁症的体验。

我们同时也生活在一种假设人只是肉体存在的文化中。在这种假设下，医药与其他生理疗法被视为唯一有效的方法。然而，我们也是灵体，这是人的根基。我们都活在上帝面前。当我们认识到自己的属灵核心，我们会发现自己在生命中有着任何药物所未及的更深邃的境界。

最后，我们的文化已经看不出苦难的意义。虽然都知道苦难能炼净我们的品格，使我们成熟，然而当苦难来临时，我们仍试图逃脱。这当然不是说我们应该追求苦难，或是即使有万全的方法足以解脱痛苦，我们仍要执著于继续痛苦下去。然而，当我们知道上帝使用苦难来炼净我们、改变我们时，我们对苦难就会有不同的感受。

当我们心中对这些议题有所认识，我们就要谨慎，做出明智的选择。

开启重生之路

药物与其他生理性治疗通常会引发强烈讨论，有时甚至会引发两极的反应。如果你曾饱受药物之苦，你会反对使用药物治疗。如果你曾蒙受其惠，你会代为宣传。圣经的经文，一向采取第三种立场，鼓励追求智慧，开启我们的双眼，得以看见文化中更大的议题，把焦点集聚于心灵之上。

第22章 致亲友

本章首先是写给处在忧郁中的人，然后是写给他们的亲友。

如果你身处忧郁中

忧郁症会给人际关系带来困扰。如果你有忧郁症，你需要与人互动，然而你却孤立自己；你需要帮助，但却拒绝多数意见；别人给你许多鼓励，但你并不相信；如果亲友对你失望，你说早知会有这一天。你表现出一副早就等着他们对你失望的样子，你甚至希望他们对你失望。你相信自己毫无价值，也似乎尽力证明这一点。

关于忧郁症有个已知的发现，那就是，忧郁症患者通常不好相处。

> 忧郁症患者表现出许多通常会引发别人敌意与排斥的不当言行。借由他们的言行举止，忧郁症患者在自己周围

塑造了一个几乎保证会得到源源不断负面评价的社交环境。[1]

你对这种说法有何反应？或许这和你并不相干，但是如果你反对这种说法，你可以思考自己的反应。

这种说法让你觉得有罪恶感吗？事情很简单，如果你曾得罪别人，就会觉得**有**罪恶感。如果你曾犯罪，赶快向上帝认罪，向别人认错；要谢恩，因为当你认罪时，上帝就因你而喜悦；请求上帝赐你力量改变自己。

这种说法让你感到绝望无助吗？你觉得别人根本就不了解忧郁症吗？请思考这一点：没有任何事情能让你停止爱人——别人的罪、自己的软弱、人性的盲点都无法阻止我们去爱人。当然，这像是一项不可能完成的任务——如果你漠视耶稣基督的十字架，这的确是不可能，但是当我们恳切呼求上帝的恩典，好让我们爱人更深时，上帝总是会应允我们。

要就这一点，极力抵抗忧郁症的影响。不要让忧郁症阻拦你的人际关系，让你无法爱人；这只会加深你的痛苦。爱人不是一项义务，你原是为此而受造。上帝造你能信靠他，能爱人。当你无法信靠上帝、无法爱人时，你就和受造的目的脱节，绝望因而气焰高涨。

有计划地去爱人。当你有严重的忧郁症时，爱人的确不易。

但是只要你仍有自觉，你就能从上帝那里寻得恩典，以如下的方式爱人：

- 感谢人。
- 和人打招呼。
- 为别人祷告。
- 倾听别人说话。
- 和别人保持联系。

如果你这么做有困难，你要取得上帝和别人的原谅。 请别人代祷，让你能以别人可以注意到的方式爱人，让你再有爱人的能力。 如果你连踏出这一步都办不到，你就知道自己内心光景如何。

这么做能引领你进入新的领域。 你要在自己不情愿做某件事时，仍然去做。 不是你不愿意去爱，而是你的感受迟钝。 有些人误信这种行径是假冒为善，当你根本无心时，为什么要去做呢? 事实上，这是一种英雄行径，这或许是你这辈子第一次为了耶稣而去实践的事。

如果你是忧郁症患者的亲友

亲友们，你们也需要在自己爱人的方式上有所调整。 或许你发现自己的爱掺杂着不同动机。 或许你想改变另一个人，或是想让自己的生活轻松一点，这动机胜过因为耶稣爱你，所以你想爱人。就像你那罹患忧郁症的家人或朋友，你也必须省察自己的动机，并在祷告中恳求，让自己发自内心深处去爱人。

有时你会对爱感到厌倦。我们都会这样。你真心去爱，但这好像于事无补。对有忧郁症的人而言，你的爱似乎无关紧要。但你要明白：你的爱将带来改变。这不代表一味地去爱，就能让任何一个忧郁症患者一举跳脱忧郁症。单凭人之爱，无法改变任何人。

> 来自人的爱——尽管充沛——无论多寡皆无帮助。家人的关爱和优渥的工作都不足以克服我所感受到的痛苦与绝望。[2]

但有忧郁症的人就像你我一样，能够明白那种无条件牺牲自我的仁慈与爱。爱总会留下痕迹。因此，那些被无尽的爱所维护着的忧郁症患者，表现最佳。

挫折沮丧

最令人灰心的可能是消极。也许忧郁症患者带给旁人最明显的挑战是，他们显然对任何事情都缺乏热情。对亲近的家人和朋友而言，这很棘手，因为热情让周遭的人可以认识我们，显示我们的特质。一个毫无热情的人总是显得格格不入，不但凡事无动于衷，还不对劲。“他很不像他自己。”“我觉得自己都快不认识我当初嫁/娶的那个人了。”

当彼此的关系不再有互动时，有些方法可以让我们预备自己的心去爱。最重要的是，要明白自己不能再倚赖油然而生的自然之情。过去你和这名忧郁症患者的关系有双方的互动。你喜欢与他/她相处，他/她也喜爱与你相处。彼此的互动让各自感情滋长，互相关心。然而，现在这种关系变成单向，这当然不符合我们对人际关系的认知。极少人愿意长期承诺如此单向的沟通。一开始，大家勉力一试，然后就慢慢放弃了。

这会让你处于与这名忧郁症患者类似的处境。他们也同样无法再倚靠情感的自然流露。问题**不在于**他们不喜欢你；而是他们无法领受，也可能因感受到的是不同程度的痛苦，冷酷无情的伤痛驱散了一切的热情。

在欠缺正常人际关系的热情激励之下，你有个大好机会。你也能以真正去爱人，来表达你对耶稣基督的信靠与对耶稣基督的爱的特权。这是那些忧郁症患者所需要的重要属灵技能，同时，这也是你所需要的技能——上帝行事通常如此。

你必须经历和我们刚刚所描述的患者所需经历的完全相同。例如，你能快速辨认出自己的人生目标吗？如果做不到“认识耶稣基督，为基督的荣耀而爱人，但不求自己的荣耀”，就会让你无盼望、无能力去爱。上帝的作为的独特之处在于，我们会不断变换医治者与被医治者的角色。你需要帮助，别人也需要你的帮助。你自己或许从来不需要与忧郁症对抗，但是和忧郁症相关的议题，也是我们每个人生命的根本议题。

- 你的人生目的何在？
- 耶稣基督是谁？
- 我如何能更加信靠耶稣，并以爱人来表达我对耶稣的信靠？

也就是说，遇到正在与忧郁症对抗的人时，你不能倚赖过去所知。当你谈及人生目的，那必须是你的亲身经验，必须是来自你自己如何寻获人生目的的经验。当你带给别人盼望时，那必须是因为你自己已寻获希望。

一位专业的心理咨询师竭尽所能地鼓励一位患有忧郁症的咨询者，却毫无进展。当她一筹莫展时，她承认自己的不足，转而谈起自己从上帝话语中所学到的功课。分享后，她花更多时间为自己以及接受自己辅导的咨询者祷告。

出乎她的意料，这位被辅导者安排了下一次的咨询时间。当这位被辅导者再次出现时，被辅导者马上评论起两人上次的晤谈。

“那是我们一起做过的最棒的辅导，你为什么不常常这么做呢？”

这名咨询师自己成为另一名亟待帮助的人，而非仅是一名灌输有益信息的人。她不只是提供别人各种原则，她也提供自己的见证。她该采取的下一个步骤，显得十分清楚。

“上帝的道路高过我们的道路。这不正像是上帝行事的风格吗？当我觉得自己急需支援、十分不足时，我却说出对你最有帮助的话语。你说得没错；我应当一开始就这么做。我也应该要求你这么做，因为我想要更多了解你。我们下次会面时，你何不分享自己读经时所学到的功课，讲一讲你所思考的课题呢？”

帮助忧郁症患者，无须专家级的知识，但需要明白自己属灵的需要，要对耶稣有更多认识，要有想从别人那里受教的热忱，而这个对象也包括你想帮助的这位朋友。

最重要的事

缺乏热情，缺乏敏锐和属灵的洞见，有忧郁症的人几乎不可能认清那些最重要的事情。他们身处一片浑沌的绝望之中，没有任何事物能撷取他们的注意力。我们能理解这点，因为世界也是以类似的方式运作。

圣经对这种挣扎早有预期。为了与此抗衡，上帝兴起了能以真理提醒我们的平凡之人。

弟兄们，你们要谨慎，免得你们中间或有人存着不信的恶心，把永生神离弃了。总要趁着还有今日，天天彼此相劝，免得你们中间有人被罪迷惑，心里就刚硬了。

（《希伯来书》三章 12～13 节）

有忧郁症的人所需要的——也是我们大家都需要的——是每日属灵真理的提醒。当耶稣基督的真理深印在我们的心版，我们要把所领受的与人分享，别人也要分享他们所领受的。我们的目标只有耶稣基督，以及他为我们在十字架上受死。这些话平凡无奇，但却是我们的灵粮，无须画蛇添足，无须新鲜道理，只要坚持把古老的真理应用到眼前的处境，就已经足够。

你无须为读圣经给有忧郁症的人听，和他/她一起祷告，或为寻找圣灵在每天生活中的圣工而致歉。忍耐是忧郁症患者的成功之钥，同理，在“平凡”的事工中忍耐，也是你的成功之钥。忧郁症患者忠于自己悲观的诠释，而你则必须忠于以基督为中心的诠释。因为忧郁症会影响人的注意力和专注程度，你要尽可能用切身之谈，用有意义（至少对你个人是有意义的）并且简洁的方式，提供以基督为中心的观点。

伙伴关系

从伙伴的立场来看，你和忧郁症患者的共通点多于相异点。你们同心协力走过艰难的道路，有时候你得独力挑起重担（参考

《加拉太书》六章 2 节），然而如果你们同心协力，你们就会找出方法，同负一轭。

有一个亲友常犯的错误是，在忧郁症初期就自行担起所有的责任。 这是一种高贵的牺牲情操，但你无法长久。 你可以读书给他听，为他祷告，勉励他，用许多方法来表达你对他的爱，但是你无法硬拖着他达成**你的**目标。 你们的目标必须是双方共同的目标。

你们最终的目标是耶稣基督，而短程目标则是那些有时候虽嫌琐碎，但能让感觉漫无目标的现况有所规范的小事情。生活规范指的是界限、规矩、责任归属、提醒以及妥善的计划。你的准则是： 忧郁症患者所经历的痛苦越大，面对的生活障碍越大，辅导人员与朋友所提供的生活规范就越显得重要。

生活规范可包括下列事项：

- 每天定时上床，定时起床。
- 定时吃饭。
- 定时运动。
- 每天有固定的作息时刻表。
- 每天写下一件你愿意努力的事项。
- 你答应别人的事，要切实做到。 言出必行。

这种生活规范并不是简单地强加给一个不情愿的受害者。 这是在基督里的弟兄姐妹的一种伙伴关系。还有，这也包括思考“为什么？”的时刻。要记住并回想上帝的目的，互相提醒，现在的试炼虽或艰难疲惫，却有永生的益处（参考《提摩太前书》四章8节）。

当我们帮助有忧郁症的人在生活中建立规范时，可能会犯两方面的错误。一种是把超出忧郁症的人所能负荷的步调强加在他们身上，让他们觉得更加绝望。要循序渐进，一开始帮助他们建立最基本的目标，然后与他们同工，慢慢增加每天的功课和目标。

另一个错误是，助人者常常忽略自己其他的责任，尤其是日常生活的责任。因为他们助人的时间可能长达数月，助人者必须找出明智可行的步调，在乐意服侍人的同时也要兼顾其他责任。

必要时的介入处理

如果你的好友突然坚称你是外星人，企图谋害他，你一定会试图解除他对你的误解。你一定会试着了解他为什么会有这种想法，但你绝不会在自己被误会以后，安静坐视。相反的，你一定会想办法以真相说服你的朋友。也许，你还会责备他，不该无视于所有反证与说明，继续坚持这种荒谬的想法。

相同的道理，当忧郁症患者对人生持有扭曲、自我攻讦的看法时，你也不能袖手旁观。你必须挑战并终止他们不正确的见解，因为那是错谬的看法，会导致更深的绝望。这在充满爱的人际关系中是很正常的行为，然而，因为忧郁症的关系，朋友间有时候不会寻求这种正常的互动。或许他们担心有忧郁症的一方会感觉受到排斥，或许他们担心这种小冲突会导致自杀，因此忧郁症患者通常受到过度保护，你会觉得自己好像拿着火把站在有引线的炸弹旁。

你和忧郁症患者的关系当然必须以智慧与爱为主轴，这两者也应该是所有关系的主轴。然而如果你发现自己越来越犹豫说出这些重要的话，那你就要重新考虑自己的选择。和那些有过类似经验的人讨论，如果对自己认为重要的话，感到难以启齿，那你就没有真正投入这个人际关系。照理说，你和某人的关系越亲密，你和他就应该更能开诚布公。

要毫不犹豫地打断一连串的绝望、自怜、抱怨，这些事只会强化一个人对上帝和对自己不符合圣经教导的想法。在你和有忧郁症的人（或任何人）交情尚浅时这么做，会让人以为你并非真心想了解他们的想法，因而保持缄默。然而当你好好解释你的目的，他们不难了解，这是一种爱的表现。

让我打断你一下。你能忍受这种现象吗？你说得越多，就越绝望。我看得出你的痛苦，其实我自己都能感受到你的痛苦。我的计划是，从现在开始，当我们看见一波波阴霾且不符合圣经教导的想法冲击你时，我会指出这些想法，并且试着和你一起回避这些说法。

开启重生之路

忍耐超乎我们的想象。忍耐不仅仅只是一个在圣经中出现的字眼,而是对付无法立即消除的挣扎的一个带有能力、十分属灵的回应。当我们彼此忍耐,我们就是效法上帝性格中荣光的面向。

在你与某个正在忧郁症里挣扎的人同心忍耐的时刻,你拥有胜过专家的优势。专家在辅导晤谈过后,就成为过去式,然而亲人和朋友,会继续同舟共济。

没错,忧郁症会侵蚀人际关系的核心,但是当你继续忍耐下去,你也能注意到上帝的祝福。"回顾往事,我可以说,和你所爱的人,并肩走过这场情绪失控且充满压力的戏码,最后定会让你觉得十分值得。"[3]

"平凡无奇"这个字眼经常出现。这没有任何损及圣灵的美善与大能的意思,因为上帝的工作总是超乎寻常。平凡无奇乃是要强调上帝认定,我们能彼此鼓励的最佳方式,就是借由一些无须特殊专业的方法。圣经的智慧是我们所共有的,如果我们开始说出引人瞩目的个人高见与智慧的言论,大概就错失了上帝用来改变我们的平凡无奇的方法。

第23章 他山之石

每个人都不一样。一个能打动某人的故事，下个听众也许全然无法理解；某项你认为极其重要的策略，别人也许认为毫无意义。因此，下列想法旨在集思广益，而非冗长的待办事项；这些想法曾经帮助过其他忧郁症的朋友。

“从那时起，事情开始有转机……”

这一连串的想法分别来自曾有过忧郁症的朋友。我请他们完成以下这段话：“从那时起，我感到症状开始有了转机……”

1. 我开始主动和自己对话，而不是被动倾听自己的呓语。我开始用圣经中不同的经节向自己对话，不听自己无望的呻吟。
2. 我不再说“这行不通”。以前我总是寻找**唯一**的答案。过去我会祷告（试着和上帝讨价还价），然后（花一两分钟的时间）省察自己的内心，尝试做些还蛮属灵的活动。如果这些方法都不奏效，我就放弃。从前，我觉得自己有理由放弃尝试，而现在，我相信凡事都有“果效”。对于自己长期以来一点一滴的信靠与顺服，我感到满足，甚至觉得喜乐。

3. 牧师帮助我开阔眼界，从上帝的国度来看清眼前的事情。忧郁症让我的世界变得很狭隘；当我看见上帝在他的国度运行，我开始产生盼望。
4. 我的女儿生了场大病，这件事强迫我去看见自己以外的世界。
5. 有个朋友没有放弃我，她一直很爱我，即使在我不想听见耶稣的时候，她还是用圣经真理来指示我。
6. 有个朋友让我“借用”她的信仰。我很小信，但我一直明白她对上帝、对教会的同在与爱充满信心，这也感染了我，使我深具信心。
7. 我原谅了父亲。
8. 我从朋友那里听见许多起初悲惨最终却得胜的故事。
9. 我看见自己的处境，百分之九十是出于骄傲。我觉得自己有权利从别人那里夺回我所失去的。问题其实是出在我自己身上。
10. 有个很熟悉的朋友说我是悲剧英雄。一开始我很震惊，但是我知道她爱我，而且她说得没错。

11. 我开始相信自己处在一场争战中，了解自己必须奋力一搏。
12. 我发现这一切事情都是我自找的，而不是别人加诸在我身上的。例如，生气的**是**我、不停抱怨的**也是**我，都是我打从心底想这样做。
13. 我接受药物治疗。
14. 有个朋友帮助我从“不通情理的暴君”变成活出福音恩典的上帝儿女。
15. 我了解到自己对事情的看法有误。我有严重的误解，因而做出许多错误的指控。
16. 我开始强迫自己读经，倾听圣经的教导。
17. 我开始了解上帝的恩典。我开始看见自己在罪恶感中挣扎，是凭行为称义，并非合上帝心意的认罪悔改。
18. 一旦明白看见自己的罪是一件好事，我开始告诉自己：“心有疑虑时，立刻悔改。”
19. 我痛下决心。
20. 我无法真确知道上帝使用了什么方法，是许多小事累积而成的。

“什么事情对你一点帮助都没有？”

第二个列表包括那些**没有**带来帮助的事情。“什么事情对你一点帮助都没有？”

1. 我只看重生活中那些肤浅的罪。我在意细节的过犯，比如我和孩子讲话的方式，却没有寻找那些驱使我犯罪、动怒的深层需求。我没有全力寻求基本问题，比如：“我真的相信耶稣吗？我为何相信他？”
2. 我充满怒气，但没有人试图了解这种愤怒。
3. 我很愤怒。有人告诉我，我有权利发怒。
4. 别人告诉我要多爱自己一点。
5. 别人告诉我应该降低对自己的期望。
6. 大家在听我说话以前就提供答案，好像每个人对我的情况都有解救之道。
7. 旁人谈论得过多。
8. 朋友说话有所保留。他们不敢说诚实话，因为他们认为我很脆弱，无法接受实情。
9. 大家努力过头了。

值得一试的策略

以下事项包括一些功课，以及对某些人很有帮助的特定策略：

1. 找一个圣经故事，每天读一遍，并写下十件（以上）可应用到日常生活的事项。（这个作业及以下其他作业的基本想法是，希望忧郁症患者能对某些事件加以深思，否则他们的思绪更会飘向绝望沮丧的想法中。作为一名协助者，你也许很想尝试所有你能想到的方法，而不想局限于其中一种，直到患者照办为止。如果患者能明白这个争战策略的优点，而且愿意照办，请尽量持续这项作业，直到完成。）
2. 找出朋友的十项优点，写下来，然后把这个单子寄给朋友。
3. 写出你生命的目标，容许别人帮忙修正，然后把这些目标背下来。采用不同的语句再写一遍。
4. 就像圣经上说的，去成为受苦之人的安慰者。考虑从《希伯来书》十至十二章开始读。
5. 把主日讲道中那些好的、重要的、有关真理的事项记录下来。
6. 每天说些能启迪人心的话，或写下具有启发性的文字。
7. 思想上帝所创造的某件事物（例如草木、树叶、松鼠等），直到你能说出这项事物的美好之处。
8. 倾听上帝的话语，聆听能使你的心转向耶稣基督的灵修音乐，也可以请别人读上帝的话语给你听，或是向你分享他们对上帝话语的领受。 尽量从你读到的信息中整理出重点，练习聆听。

9. 特别留意自己抱怨的话语，比如背后道人长短的内容。 这些罪性在世俗文化中不算什么，所以我们无法看出它们丑陋的根源。 究竟你的怨言所吐露的实情为何？

10. 思考以下这些问题： 在我们的文化中，我们是否已经遗忘了苦难的好处？ 苦难可能有哪些益处？（参考《诗篇》一百一十九篇 67、71 节；《哥林多后书》一章 8～10 节；《希伯来书》五章 8 节；《雅各书》一章 3 节）

11. “忧郁”这个标签其实无法捕捉你复杂的心路历程，想想看，其他哪些字句（特别是那些符合圣经真理的描述）更能具体捕捉你内心真正的景况？

12. 寻求协助。 请一些人为你祷告，为你传讲圣经的真理。当你请人代祷时，不要只为解除忧郁症的捆绑祷告。 把握这个机会，祈求更大的恩典。 从圣经中找出一些祈祷文来祷告。 例如，祈祷你能明白耶稣基督的爱（参考《以弗所书》三章）；祈祷你能愈来愈像耶稣基督（参考《罗马书》八章 29 节）；祈祷你能爱人；祈祷你能洞悉今日遭遇的意义，以荣耀上帝。

13. 有时你无法改变自己的感受，但你能改变自己的思考方式。 哪些想法必须改变？ 只要你意识到这些必须改变的想法，请立刻告诉自己：**停止**。

14. 扪心自问：“我从自己的忧郁症中想获得什么？”你或许没有答案，这个问题或许毫不相干，但这会提醒我们，我们所做的通常比我们所意识到的更多。
15. 写下忧郁症的流程图。从最近一次让你发作的事件开始，对每个步骤要巨细靡遗，以找回自己的平衡点。
16. 你有哪些选择？你或许觉得自己被困在一条漫长、无望的道路上，但这并非实情。你每天都在做抉择。此时，你就站在面临选择的交叉路口上。
17. 寻找另一个有忧郁症的人，说些鼓舞他的话。
18. 不要只是读经，却不在字里行间寻找耶稣基督的踪迹。
19. 当你自我解析时，要小心，并请另一个人稍作检视。
20. 与人交往时，尽量充满朝气。

现在，发动机已经启动，你要在这个列表上添加什么？

第 24 章 做好准备

忧郁症有高低起伏，它可能一时来势汹汹，继而逐渐消退。有时经久顽强，继而销声匿迹，不再复发。即使忧郁症稍有缓和之态，但它蓄势再发的可能性，仍不免让经历过的人胆颤心惊。

就像其他苦难一样，忧郁症很难预料。然而，即使它经常无预兆地发生，有些事情还是可以预先做好准备。

准备接收警讯

要倾听忧郁症的一个原因是，你会发现忧郁症有其来龙去脉，忧郁症发作通常有理可循。如果你回溯自己的病史，你会发觉早期的警讯。以生理上的警讯而言，可能出现疲倦、睡眠习惯改变以及丧失食欲。色彩看起来不再如以前那般鲜明，对从前喜爱的人与事，反应也大不相同。从属灵上看，你或许会意识到自己的怒气和寂寞感，或是在想起那位神圣而慈爱的上帝掌管万事时，心中缺少慰藉。

请牢记这点：如果忧郁症释放出早期警讯——通常会有警讯——你要全副武装备战。全心全意应战，寻求外援，强迫自己读经，强迫自己接受上帝大有盼望的话语。要谨慎，不要自怜，不要抱怨与心怀不满，心中要长怀十字架的救恩。如果你任凭忧郁症泛滥，很快就会失去朝气而投降。然而只要有耐心，你会发现自己要比所想象的更有办法避开忧郁症最坏的状况。

准备接受上帝的教导，自我成长

一位容易情绪抑郁的四十岁男士，渐渐注意到自己的忧郁症日趋恶化，“上帝这次会教导我哪些功课呢？”他竟然期待自己在上帝的教室中将要学习的功课。

如果你有心受教，你可以期待忧郁症成为你的好老师。这不表示你自找麻烦，主动承受忧郁症的困扰，也不表示你不该试图减轻忧郁症的痛苦。然而多数愿意接受苦难教导的人，当他们回顾既往，都会由衷感到庆幸。

那些受慢性病之苦的人也可作为见证。

> 健康是世上仅次于疾病的最佳事物。真的，明白上帝会借由肉体的软弱教导我们，并且相信除了这种经验，某些祝福是无法经由其他形式赐予的。我觉得要是错过了我已经历的肉体折磨，那才真是大不幸。[1]

经过三年日本战俘集中营的岁月，一位在集中营里找到耶稣基督的英国军官，说出只有基督徒才会说的话。

> “喔，”他说，“一切都过去了。过去没有什么好令人留恋的。的确，过去几年的日子很难熬，然而我从中学习到许多在大学及其他地方无法学会的事情。我学到生命中真实的事物，还学到活着真是很棒的一件事。”……苦难不再把我们监禁在自怜的牢房里，而是把我们带入史怀哲(Albert Schweitzer)所谓的“披戴苦难记号的大团体”。我们仰望十字架，从认识十字架的救恩获得力量，并且发现，上帝与我们同在。[2]

虽然这些见解听起来很极端，但是你在每个教会都会发现类似的见证。苦难的益处广为人知。圣经辅导员反对滥用药物的一个论点是，滥用药物会麻痹苦难，所以有药瘾者逃避苦难，无法从经历的苦难中深刻学习。结果，这些人显得幼稚而不成熟，无法塑造品格。

有了耶稣以后，我们对苦难的想法甚至变得更加极端。现在，我们视苦难如生产之痛，而不是漫无目的、随机发生、毫无意义的事件。自从耶稣来到世上以后，苦难具有了救赎的意义。这是天路历程中一段最美好的旅程。

不但如此，就是在患难中也是欢欢喜喜的；因为知道患难生忍耐，忍耐生老练，老练生盼望。

（《罗马书》五章 3～4 节）

苦难是我们的导师。苦难教导了耶稣（参考《希伯来书》五章8节），苦难也能够调教我们。然而，只有当我们真正定睛在主耶稣身上，苦难才能真正教导我们。如果你在苦难中逃避耶稣，你得有心理准备，苦难会令我们痛苦。然而当你仰望耶稣，你就不再孤单。你会力上加力，你会转变。你会说："这正是我所需要的。借由忧郁症，我认识上帝，也认识自己。缺乏这些认识，才是一场真正的人生悲剧。"

准备为主所用去爱人

上帝的教导中有一课乃是关于爱。"上帝的命令就是叫我们信他儿子耶稣基督的名，且照他所赐给我们的命令彼此相爱。"（《约翰壹书》三章 23 节）爱上帝爱人——这是你人生目的的总结。如果你有一颗乐意的心，你在爱人的事上必定会有所长进。

即使自己正处于苦难当中，当我们爱人的时候，基督的光辉就在此彰显。因为这样做太不寻常，无法不受瞩目。当我们在痛苦之中，通常不会想到别人，只想找寻解脱之道。然而圣灵让我们更像耶稣，毋庸置疑，当主耶稣处在巨大的痛苦中时，即使被拒绝，他仍深深爱着每个人。

但你也要有心理准备，你的努力会受到拦阻。 我们处在天堂彼端，爱的滋长需要努力。 每当基督荣耀在望之时，你会发现自己心中有一股来自黑暗势力的唆使的反抗，这种争战可在许多寻常的反应中看到。

- “我试过这种方法，不管用的。”
- “这有什么用？”
- “耶稣办得到，但是我又不是耶稣。”

有些人对爱人的呼召甚至根本不在意，完全无动于衷。

你自己也有一堆借口。 当你计划要效法耶稣牺牲的爱时，需要对内心的抗拒有心理准备。 这会再次提醒你，要效法基督表示你需要主的灵—— 圣灵。 爱人是从呼求“耶稣，我需要你”开始的，而这种爱乃是出自对耶稣的信靠。

当你接受爱人的挑战时，你需要看清自己的内心世界，因为你的爱可能有附加条件。 例如，**如果**爱人能够减轻忧郁症，你会爱人，“好吧，上帝啊，我尽到本分了，现在该你动工了。”或是说，你爱别人是**为了**让别人也爱你。 如果你的爱出自“我们爱，因他先爱我们”以外的道理，要有心理准备，你将会大失所望。

如果你想在爱人当中发现喜乐，那需要来自看见自己做出比减轻忧郁症的痛苦还更重要的事。那就是：看见上帝的灵在你的生命中动工，看见自己属基督的确据，看见上帝使用你来完成他的计划。

虽然爱人的命令看似简单，爱人却非我们的天性，特别是当我们内心感到空虚的时候，你要有心理准备，去面对生命中不自然的景况；要有心理准备，去成为万王之王的爱的使者。

要有忧郁症“至暂至轻”的期待

使徒保罗所写过最亲密的一封书信，是给哥林多教会的第二封信——《哥林多后书》。保罗多数的书信都在探讨福音的本质，没有太多个人色彩。但是在哥林多的教会，他遭受攻讦。假教师说保罗没有资格带着权柄传讲上帝的道。在这样的背景下，保罗提及许多他的个人背景。

为了建立自己使徒的威信，保罗特别强调，他为基督的福音遭受过极大的痛苦与磨难。

- 他所受的苦难如此严峻，险些无法活命（参考《哥林多后书》一章 8 节），他一而再、再而三地遭受苦难袭击（参考《哥林多后书》十一章 23 节）。
- 他“四面受敌”“心里做难”“受迫害”“被打倒”（参考《哥林多后书》四章 8~9 节）。
- 他被棍打过三次，被鞭打过五次，每次四十下（参考《哥林多后书》十一章 24～25 节），被监禁，成为引发骚动的焦点人物（参考《哥林多后书》六章 5 节）。

- 他被群众丢石头，遭弃置而等死（参考《哥林多后书》十一章 25 节）。
- 他经常挨饿，睡得也很少（参考《哥林多后书》六章 5 节）。
- 他发生过三次船难，有一次还在海上漂流一整夜（参考《哥林多后书》十一章 25 节）。
- 他有难愈的痼疾（参考《哥林多后书》十二章 7 节）。

我要讲的是：当保罗谈到苦难时，他具有公信力。有些人可能会说："对，耶稣蒙受苦难，但因为他是上帝，所以他有办法处理。"这当然是故意拒耶稣于千里之外的托词，是将自怜合理化的行为。但保罗是不可能尝试用这个借口的。保罗就像我们一样是平凡人，而他所承受的苦难却比我们任何人都要悲惨。

了解这些以后，让我们来思考保罗对自己生命所做出的评价。

> 所以，我们不丧胆。外体虽然毁坏，内心却一天新似一天。我们这至暂至轻的苦楚，要为我们成就极重无比永远的荣耀。原来我们不是顾念所见的，乃是顾念所不见的。因为所见的是暂时的，所不见的是永远的。
>
> （《哥林多后书》四章 16～18 节）

保罗宣告自己的苦难是“至暂至轻”的，而他当时仍在受苦当中!

想象一把秤，一个老式的秤。秤的一端是已知重量的秤锤，待秤的物品则放在秤的另一端。如果秤锤的重量无欺，当秤杆两端持平时，你就知道待称物品的重量。

保罗所说的是，的确，苦难就像千斤重担压在身上，然而他从耶稣基督那里所领受到的恩典，其分量更胜苦难。他所领受的不仅足以平衡苦难的分量，两相比较，甚至让苦难显得轻省、短暂。

听起来很不可思议，也有点夸张，但是我们都有过类似的经验。小孩子跌倒，膝盖挫伤。但是当你给她一根棒棒糖，哭声立即停止。伤口的疼痛还在，但是棒棒糖带来的喜悦强过疼痛。另一个更美的场景是，孩子跌伤膝盖，但是妈妈一拥她入怀，哭声就停止了。疼痛仍未停止，但是这个孩子拥有更为美好的事物了。

一位女士因为公司裁员而丢了工作，五分钟后，她被邻近公司以更高的薪资雇用。我们都曾有过坏事被另一件更棒的事情胜过的经验。

要让保罗能够对抗苦难的重压，他需要非比寻常的事物，而他在耶稣身上找到这个秘诀。光凭这点就应该对你有所帮助。这就好像遇见一位得过严重忧郁症的人，他告诉你:“我克服了忧郁症，我比以前的情况更好，你也能办得到。”即使不知道这个人是如何办到的，你也会受到鼓舞，认为这是办得到的。

保罗乐于和你分享他的秘诀。 他清楚地指出，无论你是谁、年纪多大、病得多重、受伤多深，倚靠耶稣这个秘诀人人可得。

你觉得上帝很吝啬吗？ 对，你就是这么想的。 但是保罗提醒你，上帝有极大的应许，这些应许都是肯定的（参考《哥林多后书》一章 20 节）。 上帝会赦免你吗？ 会的。 上帝绝不会离弃你吗？ 是的。 上帝的爱永不止息吗？ 是的。 上帝显示无比的耐心吗？ 是的。 他会让你成为他的新妇吗？ 会的。

你知道自己寻求耶稣时，看起来是什么样子吗？ 想想摩西从山上下来的模样。 他身上带着上帝的荣光，脸庞还因反射上帝的荣光而发光，必须蒙着帕子，直到荣光褪尽。 当保罗说到，“我们众人脸上的帕子既然已经揭开，反映主的荣光（‘反映主的荣光’或译：‘对着镜子看见主的荣光’），就变成主那样的形象，大有荣光。这是主所做成的，他就是那灵”（《哥林多后书》三章 18 节，新译本），他指的就是摩西的经历。 这也是保罗的苦难显得至暂至轻的部分原因。 想到自己所领受的宏恩大爱，相形之下，这些痛苦微不足道。

但不只是他所领受的，还有他**即将**领受的。 保罗因十字架的当下价值而喜乐，但他也十分明白在他眼前不断呈现的苦难与罪。 他特别期待永恒的荣耀——即将到来的荣光。 在某种程度上，这种盼望改变了一切。

开启重生之路

忧郁症让你的视野犹如以管窥天，但圣经让你得见从创世之初直至永恒的远景。如果你没有为圣经勾画在你眼前的浩瀚穹苍而惊羡赞叹，请耐心等待。继续观看，你将会看到无与伦比的耀眼景象。你可以以此为目标，让使徒保罗作为你的眼睛，直到你能自己看得更清楚。

第四部

盼望与喜乐：以基督的心为心

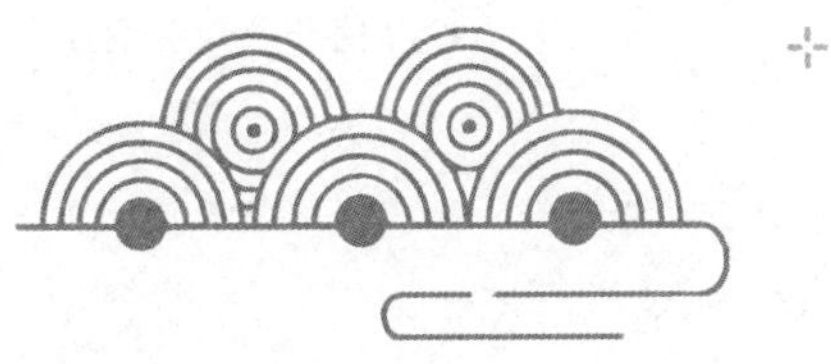

“这样，我们得安慰，在痛苦之中我还可以欢跃，因为我没有否认那圣者的言语。”

（《约伯记》六章10节，新译本）

第 25 章 人性与盼望

结局能让我们对一个故事完全改观。像莎士比亚的悲剧《罗密欧与朱丽叶》，起初有美好的序幕，人人充满爱与希望，但结局却很悲惨。一场像《无事生非》(*Much Ado About Nothing*)的喜剧，故事开场就是恐怖的预言，阴谋叛变，未来看似一片茫然，然而结局却很完美。是故事的结局，而非其中的幽默，决定了一出戏成为喜剧。

你得自己决定，你要有个喜剧人生，还是悲剧人生？耶稣为你准备的是一个喜剧人生。

当你初次观赏一场好看的戏剧，不免会紧张，诚惶诚恐，因为你不知道故事情节的走向。你希望主角有完美的结局，但过程却总是好事多磨。当你终于看到结局，英雄有了幸福人生，而恶人终究自食恶果，你终于松了一口气。莎士比亚说得没错——《善有善终》(*All's Well That Ends Well*)。

现在，让你重新欣赏这出戏或这场电影。这次你熟知剧情，剧情发展依旧困难重重，每件事都搞砸了，但你却满怀希望。你很注意那些让事情好转的征兆。你不像第一次观看时带着恐惧、沉重的心情。你还是经历各种情绪，在同样的情节哭泣、欢笑，然而你以剧情的高潮来诠释整个故事。就像一位先看过书本最后一章的读者，你以非常不同的眼光来看待过程中的磨难。

圣经已经启示生命最终的结局，如果你仰望耶稣，而不倚靠自己，圣经中的美善结局也会成为你的结局。耶稣得胜，他的公义胜出，他的爱全然彰显——无疆界，无人能挡。我们与耶稣的连结超过我们所能想象，我们将会明白，人生比我们所想的更有目的。我们凭信所做的一切事情都能坚立，最终“可以在耶稣基督显现的时候得着称赞、荣耀、尊贵”(《彼得前书》一章7节)。明白这点当然无法抹去一切悲伤。正如尼古拉斯·伍斯特福（Nicholas Wolterstorff）在他的《爱儿挽歌》(*Lament for a Son*）一书中所说的，我们是“心痛的梦想家”。[1] 但是明白结局让我们知道，悲伤和死亡无法得胜。对认识基督的人而言，生命与喜乐才是盖棺论定之言。

上帝的故事

现在你应该已经了解，盼望是忧郁症的关键课题，最重要的转变是从绝望到有盼望。你也了解上帝的应许，上帝乐见我们盼望他的应许成真，他奖励有盼望的人。 这说明我们不是试图在地上寻找自己的家园，而是期待最美的家乡——在与上帝同在之处，寻获自己的家园。

> 有一件事，我曾求耶和华，我仍要寻求：就是一生一世住在耶和华的殿中，瞻仰他的荣美，在他的殿里求问。
>
> （《诗篇》二十七篇 4 节）

绝望意味着：

- 你不愿等待。
- 你期待某个事物超过渴望耶稣。
- 你并没有真正认识耶稣。

当现代文明高举财富与健康之时，盼望成了我们最冀望的属灵产业，而属灵的获得则有赖于祈求与操练。 我们要借着牢记、思想上帝的故事来操练自己。

没有上帝的故事，人人都当抑郁沮丧，都当感到无助绝望，因为，所有仿冒的故事都告诉我们，我们所珍惜的每件东西，到头来都会消失。 这世界毫无指望，每件事都蒙上“何必麻烦”的忧郁色彩。 撇开十字架与复活的故事，我们只是出售房子给土地开发商的人。明天房子就要过户了，开发商正准备铲平房子，把那块地移作停车场使用。在这种情况下，你**不会**再为房子添购新地毯、修剪草木、翻漆屋檐。反正房子就要拆毁了，为什么要投资这些精力和金钱呢?

即使科学发现对改善世界满怀信心，但终究无法让人寄予厚望。诺贝尔奖得主或许会有惊人的发现，但他明白自己的工作不过是皮毛，只有少数人会研读他的作品，而他的成就也一定会为后人所超越，此外，自己的科学成就并无力对抗死亡。

> 越了解宇宙，就越觉得宇宙毫无目的……为了解宇宙所做的努力，是少数几件能提升人类生命，使其不致沦为闹剧的事情，赋予人类的生命些许悲剧的恩典。[2]

“悲剧的恩典”。除了传讲一个与此迥异的故事，这是我们所最能企盼的。或许对某些能在完全消极、无生气的生命终点，找到些许浪漫意味与悲壮色彩的人而言，“悲剧的恩典”已然足够。然而这种观点是保留给那些能够在自己身上发现短暂希望的人的奢侈品。对其他人来说:“现代性的定义是，企图生活在一个没有主宰的宇宙中。”[3] 而在后现代时期，既无宇宙的故事，也无宇宙主宰。

上帝的故事从亘古到永恒。这个故事始于“起初，上帝……”，上帝是创造万物的主宰，我们是受造物。 这个说法立刻推翻了所有其他的故事。 其他的故事总是千方百计想把上帝拟人化，把人神格化。 但是上帝的故事高举他自己，赋予受造的我们恰如其分的人性，这是所有智慧的源头。 如果你错过这点，你就是站在错误的道路上，毫无盼望。

安慰的话语经常来自于上帝肯定自己是造物主，而我们是受造物。

> 你的救赎主，就是那在母胎中就造了你的耶和华这样说："我耶和华是创造万物的，我是独自展开诸天，铺张大地的。"
>
> （《以赛亚书》四十四章24节，新译本）

就这个例子而言，上帝为造物主的自我启示，对受造的我们而言，是很大的安慰。 因为这提醒我们，没有任何其他神明能够阻挠上帝的意图，上帝的计划一定能成就。 还有，这也提醒聆听上帝话语的人，他们不是上帝，而是上帝的子民，他们必须对上帝忠心，心无二致。

上帝的故事延续着，他为自己创造属于上帝的子民，但他的子民却选择不同的人生故事。 然而，上帝仍按自己的计划行事，继续寻找悖逆的子民。 上帝的故事处处充满盼望，但罪恶与死亡也昭然可见。这就是为什么真正盼望的故事取决于耶稣复活。这是上帝对一个毫无希望的世界的回答。

耶稣复活带来上帝故事的另一次高潮。当耶稣宣布万物的结局，故事从耶稣复活进入耶稣末世再临。在这个故事的最高峰，上帝向我们保证，那些信靠上帝的人也会复活，最后形体的复活必须等到耶稣再来。耶稣是初熟的果子，是为我们预备道路的长子。最后的复活已为我们存留，所以，现在我们只需等待。我们是以某人即将临盆，或是即将步入礼堂的心情等待。在等待时，我们苦于守候，然而在我们的等候中，我们带着盼望。我们活着要像耶稣，像他在苦难之中，像他企盼与天父同在的复活生命。如果耶稣的生命根植于盼望，那我们自己的生命就能既谦卑又荣耀地效法耶稣。

用新眼光来看上帝的故事

你若绝望，那是许多原因造成的，但其中有两个确定的因素。第一，你将自己的盼望寄托于上帝以外的事物——某个人、财富、名利——最终你的希望落空了。第二，你或许了解耶稣已战胜死亡，然而你却活得宛如耶稣仍在墓中。一切绝望最终都是因为否认耶稣复活。这种错误讯息宣告死亡、绝望、无意义、毁灭和虚空具有决定性作用。然而耶稣复活胜过死亡、罪恶、悲剧，以及一切受咒诅的事物。耶稣复活才是决定一切的最终话语；因此，“你们

的劳苦在主里面不是徒然的。”(《哥林多前书》十五章58节)

你曾在痛苦中向上帝呼求吗？主的复活告诉我们，这种出于信仰的举动有永恒的价值。

你曾在痛苦中寻找爱人的方法吗？复活一事告诉我们，这种信心的举动有永恒的价值。

你曾寻求谦卑顺服耶稣吗？你曾因耶稣之故去做某件事吗？复活一事告诉我们，这出于信心的举动将被证明比金子更加宝贵（参考《彼得前书》一章7节）。

有些绝望的人只求一死，他们引用圣经说：“情愿离世与基督同在。”(《腓立比书》一章23节)但是基督并非这些绝望之人真心所盼。他们引用上帝的话语，误导他人。这些绝望之人的目的乃在终止苦难，如果上帝恰巧能在事成之时出现，那样最好，但上帝的同在对他们而言，并不是最重要的。

想想自己的故事。如果你相信耶稣是复活的主，那你的故事如下：

> 我受造于上帝，我是他的儿女；他是我父。我犯了罪，然而就像浪子的父亲，我的父亲也寻找我。他差遣耶稣作为我的赎罪祭，救赎我脱离死亡，脱离那恶者。现在我为替我而死却仍然活着的那位而活，我以圣灵的力量与罪对抗。我期待罪与苦难都将过去，我期待与主面对面的那日。

注意听使徒保罗述说他的故事。他从自己的经历说起，他受割礼，是正统的希伯来人，追随正宗的律法老师，持守律法，毫无瑕疵：

> 只是我先前以为与我有益的，我现在因基督都当作有损的。不但如此，我也将万事当作有损的，因我以认识我主基督耶稣为至宝。我为他已经丢弃万事，看作粪土，为要得着基督；并且得以在他里面，不是有自己因律法而得的义，乃是有信基督的义……使我认识基督，晓得他复活的大能，并且晓得和他一同受苦，效法他的死，或者我也得以从死里复活。
>
> （《腓立比书》三章7～11节）

他还可以讲得更简洁：“因我活着就是基督，我死了就有益处。”（《腓立比书》一章21节）像这样的故事，让绝望毫无立足之地。

你的故事又如何呢？你的目标是接受圣经传讲的故事，让这成为你自己的故事。但是我们常常在其中加添个人意见，构思不同的结局。我们在故事中擅自增加章节，填写自己属世的需求，比如拥有别人的爱，以及个人的成就。我们认为自己只是平凡的人，却没有认识到我们受造的目的比起寄情于受造之物更伟大。我们加入和自己与上帝的关系毫不相干的主题。例如，我们的故事有部分可能是有关上帝的作为，但另一部分却是对自主的渴求。

我们远离上帝的家园，踏上自己的旅程，愚昧地寄望此生而不仰望耶稣。我们让自己的故事被痛苦环绕，然后把解除痛苦而非耶稣当成自己人生的高潮。改写上帝的故事保证会沦于失望的结局。

胜过免于痛苦

多数人相信永恒比现在更美好，这对那些期待耶稣再临的人当然属实。当我们见到耶稣，“不再有死亡，也不再有悲哀、哭号、疼痛。”(参考《启示录》二十一章 4 节)然而我们可以主张，还有比那更美的事情。因此，如果你期待与上帝面对面时得到他的赏赐，你该期待的是这份礼物：当我们与耶稣相遇时，**我们将是无罪洁净之人**（参考《约翰壹书》三章 3 节）。

没错，这是更美好之事。想想看，我们将会全然爱上帝，全心爱人。我们不再自私自利，而是以永恒是关乎上帝、不关乎自己的事实为乐，以万人得见上帝的荣耀为乐。生命不再有苦难，这只不过是一个偶尔闯进我们思绪里的快乐领悟。如果能有选择，一个与慈爱上帝同在、无罪洁净的永恒，相比毫无痛苦却仍被罪搅扰，更令人向往。

要记得把这些事情融入你自己的故事中。你与上帝造你的目的越来越相像——你是至高神的纯洁儿女。

天国彼岸的盼望

当你刻意让上帝创造的故事成为你自己的故事，你一定会往两个方向看。你会回顾十字架，你也会前瞻与你所仰望的耶稣相遇的时刻。

当我们回顾十字架，我们看见赦罪之恩，这是上帝对罪人的慈爱与宽容，也是我们能够坦然无惧来到施恩宝座前的事实根据。这是我们所领受的公义，不是靠自己得来的。这项应许以及其他许多的应许，都是**真的**，并且这些应许会让现实骤然改变。我们可以活得像是被赠予厚礼的人，有着无尽的感恩与喜乐。我们毫无理由认为自己必须为自己的罪来赔偿上帝。我们没有恐惧的理由，无须小心翼翼行事。

> 生命意味着选择，而选择意味着犯错的风险，以及接受因犯错而获罪的风险。[4]

十字架意味着我们有犯错的自由。

耶稣死而复活证实了他真真实实是全能上帝的儿子；让我们重新把注意力放在未来所有信耶稣之人的复活上，这指向天国，而天国赋予现在意义。这代表你的房子不会被卖给土地开发商，有一天，你的房子将会富丽堂皇，所以你**大可**更换地毯，遍植花木，油漆外观，你知道努力不会白费；首席建筑商已经保证，你不够专业的努力也能让成品增色。凡我们因基督所做的工，都不会徒劳无功，这就让我们现今的景况饶富意义，值得辛勤耕耘。

盼望还为现在做了一件事，它开启了我们的双眼，所以就如《诗篇》作者，我们也能看见上帝持续做工。诗人说：“我还是相信，在活人之地，我可以看见耶和华的恩惠。”(《诗篇》二十七篇13节，新译本)上帝的真理是，他现在仍在做工，他正改变你我，壮大他的教会，要领我们登上历史高峰。

《启示录》是教导我们上帝现在还在做工最为人所知的一卷。这是写给那些正经历重大苦难，怀疑那恶者是否已然得胜，以致教会逐渐被带向灭亡之人的。为了鼓励这些人，上帝揭开天国之幕，所有属上帝的百姓得见上帝的大军**正在**征途上。上帝正赢得胜利，并且已经得胜。

当你明白上帝的战略正在完美演出中，你会看出更多事情。举例说，让我们假设你正在观看奥运一万米长跑的比赛。你最喜爱的选手在选手群中似乎力所不逮。她脸上每次出现扭曲的表情，你就想把它解读成她不可能获胜的证据，她每跑一圈你就更确定，她最后一定会输。然而当你了解更多细节后，情形又会如何呢？比如她的最佳记录比场上所有选手还要快上二十秒，或是通常她会和一群选手一起跑，直到最后两圈，然后她会突然加速到无人能及的速度？或是她**总是**看起来跑得很吃力，这就是她跑步的样子？如果你知道这些事实，你就会对比赛有不同的解读。你会很乐观，有信心地指出她的策略，把她脸上扭曲的表情解读为她个人的特色而非警报。

当你看见自己周遭的人事，看见外在的世界，很容易感觉消沉，因为未来看起来不总是一片大好。 然而当你知道结局—— 教会终将得胜，耶稣终将掌权—— 你就可以在每个小地方，看见上帝的灵正运行其中的痕迹。

请求上帝打开你的眼睛，让你在活人之地，看见他的恩惠。

人性

上帝的故事是一个伟大的故事。 然而，人是习惯的动物，改变不易，而改变需要花时间。 即使上帝创造宇宙的故事比我们的故事更棒，我们仍然顽固执着于过去的想法与过去的故事。 这不是因为我们欠缺教育或缺乏知识，而是我们过于骄傲。

多年以来，你在勾勒自己的故事。 用你的文化背景，与你所崇拜的人物的故事片段，再加上自己特有的观点，拼凑编造而成。这个故事并非原创，但这是你自己的故事。 选择不同的故事，不同的英雄，代表我们必须说:“我错了。”若有选择，我们许多人会想要选择自己的老故事。

内心深处的改变绝少是由于灌输知识，而是内心真诚的悔改。我们曾选择一条与上帝相左的道路；悔改是回转归向上帝的过程。我们曾选择一个不同的故事，里面充满对上帝诡诈的谎言，质疑上帝对我们的爱、关怀与怜悯。 悔改表示我们要放弃自己的故事，相信世上只有一个创造者。 单单上帝有权利诠释我们的人生。

盼望只能在人性的基础上成长。

开启重生之路

这是一个十分要紧的议题,值得展开回应。

首先,我们要明白,盼望有尽头。苦难当头,盼望拒绝投降,拒绝坐以待毙。"盼望在基督里找到苦难中的**慰藉**,也找到上帝的应许,**对抗**苦难。"[5] 盼望表明了事情并非现今所呈现的样子,而盼望也主动与上帝同工,以成就上帝的国度。这是盼望对抗现状的举动。

其次,如果说盼望就是相信上帝的应许,那么缺少盼望就是不相信上帝的应许。缺少盼望揭露我们的确不相信上帝所说过的话。因此,这就是罪。

第三,盼望与属灵共同体相关。教会对那些绝望的人来说,也和其他事情一样,显得不重要、无意义。然而教会祝福我们的一种方式就是,教会提醒我们真实的生命故事为何。诗歌、祈祷、讲道、团契都能提醒我们何为真理。当绝望的人来到教会，他们通常冀望牧者能说些对他们有益的事情，但他们却因而错过听闻上帝的故事。

盼望是长期发展出来的能力，也是教会共同的风险，需要基督肢体的提醒。亲爱的朋友，请委身于一间传讲基督真理的教会，并寻找每天提醒自己的机会。

最后，本章的总结如下：学习说“主耶稣啊，我愿你来”（参考《启示录》二十二章 20 节），这会提醒你，你正寄望于一个人，而这盼望稳妥扎实。耶稣的回答必是：“是的，我必快来。”（参考《启示录》二十二章 20 节）

你对自己在盼望中成长有何计划？

第 26 章

感恩与喜乐

有忧郁症的人应该立志作一名“喜乐专家”。 这个提议毫无风险，最坏的结果就是： 你会荣耀上帝（参考《诗篇》一百二十六篇 1~2 节）。 你会对上帝所应许的极大喜乐感到惊奇，甚至在悲伤中也能饱尝靠主喜乐的美好滋味。

这话虽对，但追求喜乐不易，障碍与风险**在所难免**。 忧郁症有时像是熟悉的伴侣—— 虽然有时令人愁烦，却是老伴。 当我们在生活中长期经历某种困顿，我们会慢慢从中找到一丝认同。 比方说，忧郁症能强势主导人际关系。 对于一个向来不具影响力的人而言，忧郁症能让事情改观。 忧郁症能使我们成为众所瞩目的焦点。

另一个风险是，忧郁症通常在渴望某件事物的同时，也会害怕获得。 如果欲望获得满足，但心中仍有隐隐的痛楚与失落，那该怎么办？ 接下来，我们该怎么办？

在挫折中，我们通常以为自己诚心乐见的是心想事成，心满意足……然而除非我们能了解下述这个最重要、也最令人讶异的特质，否则我们不可能了解这种热切的情感：那就是，一般而言，一个人对现实的不满足，其重要性通常远超过他的成就与满足。[1]

如果你的忧郁症和愤怒有关，喜乐会成为颇具挑战的困境。当你认为别人，包括上帝，都对不起你，而他们对你表现出超乎寻常的好意时，你就有了困难的选择。想想一个六岁大的小女孩，她因为自己必须把分内的家务做完才能出去玩而很不高兴。她任性自怜，为了表现自己的愤怒，她在做家务时弄出很大的声响，然后不理会父母，把自己关在房间里。这样做，还让她颇为得意。但是，如果这时候父母要请她出去吃冰淇淋，打迷你高尔夫球，那她该怎么办？如果她拒绝，则有损自己的利益，因为她既爱吃冰淇淋，又爱打迷你高尔夫。如果她答应，那她必须谦卑自己，放弃僵局，这表示她会很没面子。所以，她决定把握其间的分寸，一方面和父母出门，一方面则尽量让自己看起来很苦闷。每次当她把球打进洞时，都必须掩饰自己的喜乐。

换句话说，喜乐是极其美好的事情，但其中也带有谦卑的成分。喜乐让我们不把注意力放在自己身上，而是放在上帝身上，让上帝成为所有事物的源头——“凡是真实的、可敬的、公义的、清洁的、可爱的、有美名的。”(参考《腓立比书》四章8节)你能一心二用，用一半的心意来思考喜乐，但是我要事先警告你：即使你只是打开喜乐之门的一个小缝隙，你的收获也会远超过你所期待的。

比较喜乐与感恩

我们也可以同样轻易选择感恩作为自己发展恩赐的领域。你所读到的许多基督教谈论忧郁症的书籍，会很有技巧地敦促你实践感恩。感恩的大能足以让忧郁的阴霾一扫而空，感恩甚至能反击忧郁症、减轻忧郁症。

感恩的起点是绝望。起初我们有需求，却无法靠自己获得所求；接着，有人供给我们所无法自给的；最后，我们的命运好转，因而充满感谢与感激。

当我们来到上帝面前，感恩是从知道自己灵命贫乏开始。我们是无法不犯罪的罪人，应该受到上帝永远的弃绝。上帝却寻找我们，让我们看见他的恩典与怜悯，满足我们最深的需要，满足我们灵命的饥渴。我们的命运大大改善，我们因而永远感恩。

多数的礼物都是一次性的满足，然而上帝的怜悯朝朝有新意（参考《耶利米哀歌》三章23节），他的爱永无止境，因此我们永远感恩。

你们要称谢耶和华，因他本为善；他的慈爱永远长存！

（参考《诗篇》一百零七篇1节；一百一十八篇29节；一百三十六篇1节）

如果你让圣经告诉你感恩的理由，那准没错。在圣经旁放上纸笔，每次你读到感恩的理由就写下来。你也可以利用进餐时间作为感恩时间。

纵然如此，喜乐比感恩更美。感恩是因我们所领受的好处而致谢。喜乐也包括感谢，但真喜乐乃在于以上帝的美善为乐，以所有由上帝而来的深刻恩惠为乐。喜乐的眼光是向外看的，是以一种不据为己有的态度，去欣赏美善的事物。

举例而言，你在一条船上正濒临死亡之境，狂风巨浪翻腾，顷刻间要将你吞没。耶稣的一句话平息了风浪，然而，无人感谢耶稣，因为人人都太讶异了（参考《马太福音》八章23～27节）。对耶稣的大能惊叹不已只是喜乐的开端。喜乐不以关乎自我的情况为参照。默想方才说话的那位救主的权能，才真是令人折服！

另一个例子是：你的眼睛瞎了。耶稣向你走来，你开口恳求他的怜悯。当他在你面前停下来，问你想要什么，你恳求瞎眼得见。当他让你重见光明，你不只感谢他，你还追随他，这也是喜乐的开端。你的注意力被这位赐恩者，而非自己所获得的好处所吸引（参考《马太福音》二十章29～34节）。

在圣经中，感谢与感恩出现数十次。喜乐、喜悦、快乐、享受则出现数百次。

苦难中的喜乐

喜乐不是苦难的反义词，如果是，一个沉浸在喜乐中的人会把痛苦排挤出去，因为两者无法共存。 然而，喜乐其实可以成为苦难的良伴。 你可以从基督徒的丧礼中看见这点。 教会里不时有人因为失去挚爱而哀伤不已。 但当这些敬虔的人思想天国的荣美，明白死亡不是生命最终的结局时，他们也是一群充满喜乐的人。

要同时看轻某些事情，看重其他事情，似乎是种不稳定的平衡。 然而这是我们这个时代要在历史洪流中成为中流砥柱的要诀。 咒诅和罪恶依然延续；这是坏的一面，我们抱着希望等待它们的毁灭。 然而我们仍能察觉起初造物的美善，借由耶稣，十字架的荣耀与它所带来的恩惠，历历在目。 这些当然是我们引以为乐的祝福，我们因此而赞美上帝。 我们继续受苦，然而苦难无法剥夺已经开始的永恒喜乐。

约伯说："这样，我们得安慰，在痛苦之中我还可以欢跃，因为我没有否认那圣者的言语。"(《约伯记》六章 10 节，新译本)他以自己没有否定上帝，在严酷的考验中，没有质疑上帝的信实为乐。 他并不是因此**自豪**；他已找到喜乐。 他知道上帝视自己的信实为美事，约伯也视自己的信实为美事。

现在把这点和上帝的应许连结起来，他绝不会让你所遇见的试探超过所能承受的，以致使你犯罪（参考《哥林多前书》十章13节）。这个意思就是，当你有忧郁症时，上帝会给你恩典，避免犯罪，特别是指控与非议上帝的罪（参考《约伯记》一章22节）。你也能够在不止息的痛苦中，仍有喜乐。

这就是“你们落在百般试炼中，都要以为大喜乐”（《雅各书》一章2节）的先声。在这种情况下的喜乐不是否认痛苦，而是一种有美好事物正在发生中的喜乐。受试炼的人有机会看见自己的信仰经受焠炼，能够忍耐，更臻成熟。不管发生在自己身上或别人身上，总有喜乐为我们存留。

无聊与忧郁症

在我们试着指出那些激励喜乐的事情时，让我们看看忧郁症与无聊的相同之处。无聊与忧郁症有许多共通点，有时候无聊甚至是忧郁症的关键因素。无聊可以被描述为无痛的忧郁症。

无聊是“宣告没有任何有趣的事物值得注意”[2]，无聊是“我向你挑战，看你能不能让我兴奋——我打赌，你无法办到”。所有的事情都平淡无奇，带着一抹阴郁。

有两种情况会让你感觉无聊：

第一，你或许睁大眼睛看着生活中各种丑陋的事物，但你却对几乎处处可见的耀眼荣光，视若无睹，特别是现在上帝已赐下圣灵。当你无法看见上帝的荣耀，这个世界就没有太多值得瞩目的事情。

第二，无聊也是一种骄傲。无聊的人太冷酷，无法被寻常或普通的事物感动。

> 那些有教养、深谙世故的旁观者，对所遇到的人、所参加的会议、所听到或读到的感人故事，常以“无聊”斥之。他们这种举动是为了证明自己对周遭事物具有十分敏锐的感应。[3]

喜乐是无聊的解药，它说：“看哪，上帝的荣耀无处不在！”

寻找喜乐

想拥有喜乐，你必须乐意寻找喜乐。你必须乐意迎接喜乐，而不是觉得寻找喜乐似乎是背叛忧郁（不过，没错，寻找喜乐就是背叛忧郁）。

如同盼望，喜乐带有谦卑的成分。我们必须承认自己错了。我们认定世上没有美善——认定上帝与世上万物皆无美善——但世上确有美善。所以我们要从认错和悔改开始，承认当上帝说世上有美好事物时，你表示反对。承认你甚至不曾想到如何借由追求喜乐来荣耀上帝，即使你明白这是让这个无聊消极的世代感到惊奇的好方法。

在上帝创造的万物中寻找喜乐。寻找喜乐最寻常的地方就是在上帝所创造的万物中。圣经并没有强调这点，但圣经的确认定受造物的美善会指向那位美善的造物主。

海洋、山川及硕大的景观为众人所爱，我的一位好友则选择小而美的事物。他栽植了一座玫瑰园，园中长满美丽的花朵，但是他过于忙碌，无暇欣赏。有一天他给自己一个作业，去欣赏一朵玫瑰。晚饭后，他搬了一把椅子到花园里，坐在一朵玫瑰花前，开始赏花。他的目标是欣赏花朵绚丽的颜色，诱人的花香，以及花朵整体的美丽。即使他以前的尝试并不成功——虽然他的确喜欢玫瑰——但他这次是做对了，因为他决心寻找。如果玫瑰没有给他带来快乐，他很快就会在其他事物中找到快乐。

值得注意的是，玫瑰只能是个标记。如果我们的欣赏只在于玫瑰本身，那我们就有偶像崇拜的风险。最终的喜乐并不在于玫瑰。玫瑰反倒会说："我非美善，我只是一个提醒。看哪！看哪！我让你想起什么？"[4] 受造之物，无论有多么美丽，它们的言语是："我们不是那位创造主，你要寻求在我们之上的那位……他创造了我们。"[5]

受造物或许会因自己为人带来喜乐的方式而惊喜，因为无论它们有多大的吸引力，周遭总有更美的事物。圣经上说，受造之物也在劳苦叹息，直到它们自己也从毁败中获得解脱（参考《罗马书》八章 22 节）。圣经也揭示了，万物习惯于在上帝的喜乐中展现自己（参考《以赛亚书》四十四章 32 节），胜于自己受宠，它们可能对自己所受的瞩目，感到很不自在。

人在列邦中要说：耶和华作王！
世界就坚定，不得动摇；
他要按公正审判众民。

愿天欢喜，愿地快乐！
愿海和其中所充满的澎湃！
愿田和其中所有的都欢乐！

那时，林中的树木都要在耶和华面前欢呼。
因为他来了，他来要审判全地。
他要按公义审判世界，按他的信实审判万民。

（《诗篇》九十六篇 10～13 节）

如果万物以上帝的美善为乐，如果未出生的孩童在母胎中因为听见弥赛亚的佳音而雀跃（参考《路加福音》一章 44 节），那么喜乐对我们也应是唾手可得。

以主为乐。 真正喜乐的对象当然是上帝，他是所有属世喜乐的反射。 在人类历史中，人因为主的同在而大有喜乐（参考《诗篇》二十一篇 6 节）。 上帝是属他百姓的喜乐与欢欣（参考《诗篇》四十三篇 4 节）。

这即是约拿单 · 爱德华兹（Jonathan Edwards）所说的对真信仰的试验。你在上帝里寻获喜乐吗?

> 喜乐……存在于一个人的理性思维中，是对这些事物（上帝的属性）的神圣之美的看法与沉思。而这就是假冒为善者与真圣徒在喜乐之间的差别所在。前者为自己欢喜……后者则在上帝里喜乐。[6]

有些人觉得天堂的想法很无趣，然而当你开始在主里找到喜乐，你会找到无穷的乐趣。日复一日，你会发现新奇的属天之美，并而乐在其中。你对属天之美的追寻将永不停止。

你记得《威斯敏斯特小要理问答》的作者们对圣经所做的摘要吗?“人受造的首要目的是荣耀上帝，并永远以上帝为乐。”这个摘要合乎真理。上帝是喜乐欢欣之神，他随意赐喜乐给属上帝的子民，他也吩咐我们在他里面寻求喜乐（参考《诗篇》一百零六篇 4~5 节;《帖撒罗尼迦前书》五章 18 节）。因此，当诗人祈求“求你使我得听欢喜快乐的声音，使你所压伤的骨头可以踊跃”(参考《诗篇》五十一篇 8 节)，他的确了解上帝的心意。这不是一个自私的祈祷；这是带有目的的祈祷。诗人希望自己成为上帝原来造他的样式，一个充满喜乐的敬拜者，而这也是所有基督徒希望在有生之年能达到的目标。

在那些真理、可贵、正直、纯洁、可爱的事情中发现喜乐。 我们既明白喜乐来自上帝，就可以放心在上帝所赏赐的万物中享受。他是那位“厚赐百物给我们享受的上帝”(参考《提摩太前书》六章17节)。“百物”的项目不胜枚举。

- 吃、喝、工作（参考《传道书》五章18~20节）。
- 上帝的律令（参考《诗篇》十九篇8节）。
- 称为耶和华名下的人（参考《耶利米书》十五章16节）。
- 彼此相爱，共同团契，领人归主（参考《约翰福音》十五章11~12节;《约翰壹书》一章3~4节）。
- 他人的信仰与顺服（参考《哥林多后书》七章4节;《腓立比书》一章25节;《约翰叁书》一章）。
- 喜乐的面容（参考《箴言》十五章30节）。
- 公义（参考《箴言》十一章10节）。
- 智慧之人（参考《箴言》十章1节）及提供智慧和安慰的能力（参考《箴言》十五章23节）。
- 安慰你所爱的人（参考《哥林多后书》七章7节）。
- 领人信主（参考《帖撒罗尼迦前书》二章19节）。
- 接受救恩（参考《彼得前书》一章8节）。
- 别人的喜乐（参考《哥林多后书》一章24节）。

这些例子，多不胜数：孩童的笑声，敬重正直的人，以及受忧郁症所苦之人、受逼迫之人、贫苦之人的忍耐，圣灵倾倒的确据遍满全地。

你要注意，有许多人是我们喜乐的对象，他们活出基督的样式。如果上帝说万物皆美好，能让人尽情享受，那么对于在上帝所造之物中被称为“甚好”的人类，我们又该有多么欢欣、喜悦呢？如果上帝喜悦你及其他人，那你也应该喜欢众人才是。

耶和华—你的上帝是施行拯救、大有能力的主。他在你中间必因你欢欣喜乐，默然爱你，且因你喜乐而欢呼。

（《西番雅书》三章17节）

现代生活很复杂，有苦难，但未来则大有盼望。上帝已经开始将来更新的工作，所以我们今日就有喜乐的机会，不必等待将来。

双重喜乐

当你寻找喜乐，你就有机会享受双重的喜乐。你会在基督里，以及基督为我们所成就的事上找到喜乐，你也会在分享上帝的喜乐中，发现喜乐。

几年前我太太请我阅读一本她喜爱的书，当我终于有机会捧读那本书时，我发现那真是一本很棒的书。我喜欢书的内容，以及作者的写作方式。 当然，我们读到任何一本好书，都会有这种感受。 但是因为我知道我的妻子喜欢这本书，我对这本书的喜爱还有另一层意义，这种喜悦带有一种人因志同道合而产生的合一感受。 我不仅更认识我妻子的喜好，还真实分享了她的喜乐。

我的妻子有一些我并不十分热衷的爱好，我很高兴她拥有那些爱好，我也因而蒙福。 但是我为妻子经历某些特别喜乐的事物而为她高兴是一回事，能够共享这些喜乐事物又是另一回事。 共享喜乐让我们建立了一种连结，一种互相的理解，而这本身就是喜乐。

这是双重的喜乐。 我们因共享上帝所赐万物而有一种连结——一种会心微笑——当我们沉浸在上帝的喜悦里，共享上帝的喜乐，真正的喜乐会在我们学习享受上帝所享受的事物时到来。

开启重生之路

喜乐需要操练。我们在《诗篇》中研究喜乐。《诗篇》作者其实并不知道耶稣之爱的究竟，然而因为他们对上帝的爱有些许体会，他们就能欢欣喜乐。如果你愿意寻求喜乐，《诗篇》作者能成为你的向导。上帝的恩惠借由万物与教会传达，所以喜乐并不难寻。当你无法看见喜乐，回转归向十字架，感谢耶稣所成就的美事，感谢耶稣自我牺牲之美——他甘愿道成肉身，为我们放弃万有。感谢耶稣之爱的美，只要静静观看，满心赞叹。

你也可以想想约伯的喜乐，他在无止境的痛苦中仍然不否定上帝。你可以应用约伯的秘诀来思考爱人的具体方式，并为圣灵在你心中动工而喜悦。

上帝的荣光超越生命的哀愁，喜乐并非不可求。你可以选择作一名喜乐的专家，喜乐不是刹那的欢愉，你所尝到的滋味将是“永恒的喜乐”（参考《以赛亚书》三十五章10节）。喜乐常驻，而且那个日子快到了，一切认识耶稣的人，将以喜乐为印记。信不信由你，你正逐渐成为一名喜乐洋溢的人。你**将成为**一名喜乐达人！

有人说，喜乐在天国是件重要的事，但可别以为这还要等很久，天国在耶稣降世时就已展开，所以，你现在就可以参与这重要的家族事业了。

最后的叮咛

爵士乐者给自己的音乐作脚注，他们说：“爵士乐弹来弹去，不过就是十二个音符；你把每个音符都弹完后，只消注意把最后一个乐音演奏好，那就对了。”面对忧郁症时，圣经这人生乐谱所使用的音符，远超过十二个。圣经的广度和深度，更是爵士乐无法与之匹敌的。圣经的智慧，层次繁复无比。有时候，圣经似乎让人招架不住，每次想彻底了解圣经的某个真理时，顿时会失去头绪。就连《玛丽有只小小羊》(Mary Had a Little Lamp)这么简单的曲调，瞬间都会成为无旋律的乐曲，毫无章法可循而完全走调。当你遇到这种事时——我敢说，这种事一定会发生——只要继续演奏，把最后一个音符弹好就对了。

《诗篇》就是你的榜样。

但我倚靠你的慈爱。

（参考《诗篇》十三篇5节）

我还是相信，在活人之地，我可以看见耶和华的恩惠。

你要等候耶和华，要刚强，要坚定你的心，要等候耶和华。

（《诗篇》二十七篇13～14节，新译本）

恶人必多受苦楚；唯独倚靠耶和华的必有慈爱四面环绕他。

（《诗篇》三十二篇10节）

当你展读珍爱之人的来信，心情会多次起伏，在某段你认为自己看见温柔的话语，另一段听起来则很平常，其中也可能有对你抱以不满之情。然后，你读到最后一段话：

许多人在信件末了会即兴写上："爱你的"，兄弟姐妹会写："衷爱你的"，但上帝写给你的这封信的结语是："我爱你"，一点也错不了。虽然你不了解他如何爱你，为何爱你，但很显然，你是他所爱之人。这一天接下来的时光都因为你记起这个结语而有所改变。别人注意到你的脚步轻盈雀跃，有着前些天所未见的一丝朝气。

当你感到失落彷徨时，记住这个结语。耶稣基督来到世上替你受死，就是"我爱你"的空谷回音。因为耶稣的爱凭借的是他自己而非你，所以在你感到信心全失的日子里，也不必担心自己会不会为他所爱。事实上，在那样的时刻，耶稣的爱弥足惊奇珍贵，因为你会记起，这种奢求不来的爱，我们不配拥有，也无法靠己力得来。

开启重生之路

你心里一定有许多话想说，但是让耶稣来为你说出他的临别赠言。

简而言之，就是“恩典”一词。在这个词里，上帝让我们走出自我，把注意力转向他，就是甚至在我们无法理解他的赦罪之恩时，仍以饶恕之爱对我们恩泽倍加的那位。难怪使徒保罗几乎每封信都以“愿恩惠、平安从父神与我们的主耶稣基督归与你们！”（《加拉太书》一章 3 节）作为起头，也很高兴地以同样的方式结束：“愿主耶稣基督的恩惠、上帝的慈爱、圣灵的感动，常与你们众人同在！”（《哥林多后书》十三章 14 节）

在你与变化多端的忧郁症缠斗、奋战中，

主的**恩典**必常与你同在。

注 释

第1章 前方的路

1. 奥利金:《民数记》第二十七讲,第四段(Homily XXVII on Numbers, Sec. 4, CWS),页250。引自托马斯·奥登(Thomas Oden):"教牧经典系列",《危机篇》,第四卷(*Classical Pastoral Care series*, vol. 4, *Crisis Ministries*, Grand Rapids: Baker, 1994),页6。

第2章 忧郁这感觉……

1. 本节引文选自安德鲁·所罗门(Andrew Solomon):《忧郁解剖学》(Anatomy of Melancholy),载于《纽约客》,1998年1月12日,页61。罗伯特·波顿(Robert Burton),引自约翰·格林(John Green)、詹姆斯·杰弗森(James Jefferson):《忧郁症及其治疗》(*Depression and Its Treatment*, New York: Warner, 1992),页4。罗伯特·洛威尔(Robert Lowell):《臭鼬时刻》(Skunk Hour),以及桑德拉·麦考伊(Sandra McCoy):《丹尼地狱之坠》(Dany's Descent into Hell),选自《读者文摘》(*Reader's Digest*)单行本。玛

莎·曼宁(Martha Manning):《暗潮下:当心理医生得了忧郁症》(*Undercurrents*:*A Therapist's Reckoning with Depression*, New York: Harper, 1995),页10。莉莲·格里森(Lillian V. Grissen):《越洋之旅》(*A Path through the Sea*, Grand Rapids: Eerdmans, 1993),页9。J. B. 菲利普(J. B. Phillips):《成功的代价》(*The Price of Success*, New York: Shaw, 1985),页201。威廉·史泰龙(William Styron):《看得见的黑暗》(*Darkness Visible*, New York: Vintage, 1990),页84。本章未注明出处的引文乃节录自私人谈话。

2. 伊迪·布里克尔(Edie Brickell):流行歌曲《无话可说》(Nothing)。
3. C. S. 路易斯(C. S. Lewis):诗作《裸籽》(The Naked Seed),选自《路易斯诗集》(*Poems by C. S. Lewis*, Grand Rapids: Eerdmans, 1964),页117。
4. 安德鲁·所罗门:《忧郁解剖学》,页54。
5. 伊丽莎白·沃策尔(Elizabeth Wurtzel):《忧郁国度》(*Prozac Nation*, New York: Riverhead, 1995),页22。
6. 达雷尔·阿曼德森(Darrel Amundsen):《查尔斯·司布真的愤怒与苦难》(The Anguish and Agonies of Charles Spurgeon),载于《基督教史》(*Christian History*),1991年第10期,页64。
7. 史泰龙:《看得见的黑暗》,页38。

8. 《时代之魂》(Spirit of the Age),载于《经济学人》(*The Economist*),1998年12月,页113。
9. 《诗篇》三十二篇3节。
10. 约翰·班扬(John Bunyan):《天路历程》(*Pilgrim's Progress*, Chicago: Moody, 1964),页33。
11. 查尔斯·司布真(Charles Spurgeon):《给学生的讲义》(*Lectures to My Students*, Grand Rapids: Zondervan, 1972),页24。
12. 凯·詹姆森(Kay Redfield Jamison):《无法平静的心》(*An Unquiet Mind*, New York: Random House, 1995),页114。
13. 沃策尔:《忧郁国度》,页50。
14. 引自约翰·格林、詹姆斯·杰弗森:《忧郁症及其治疗》,页8。
15. 布鲁斯·斯普林斯坦(Bruce Springsteen),歌曲《巧妙伪装》(Brilliant Disguise)。
16. W.胡梅、L.胡梅(W. Hulme & L. Hulme):《与忧郁症鏖战:重获新生的属灵指南》(*Wrestling with Depression: A Spiritual Guide to Reclaiming Life*, Minneapolis: Augsburg, 1995),页22。
17. 引自爱德华·肖特(Edward Shorter):《从心智到身体:心身疾病的文化起源》(*From the Mind to the Body: The Cultural Origins of Psychosomatic Symptoms*, New York: Free Press, 1994),页135。

第3章 为什么会得忧郁症?

1. 美国精神医学学会(American Psychiatric Association):《精神疾患诊断及统计手册》(*Diagnostic and Statistical Manual of Mental Disorders*, Washington, D. C.: APA, 1994),第四版,页327。
2. 同上,页349。
3. 司布真(C. H. Spurgeon):《剑与铲》(*The Sword and the Trowel*),2000年第1期,页11。

第4章 苦难

1. 沃策尔:《忧郁国度》,页50。

第5章 上帝

1. W. 胡梅、L. 胡梅:《与忧郁症鏖战:重获新生的属灵指南》,页45。
2. F·森佩吉(F. Keta Sempangi):《远方的追悼》(*A Distant Grief*, Ventura, Calif.: Regal, 1979),页179。
3. P. T. 福希斯(P. T. Forsyth):《成圣称义》(*The Justification of God*, London: Independent Press, 1917),页149。
4. 朋霍费尔(D. Bonhoeffer):《作门徒的代价》(*The Cost of*

Discipleship, New York: Macmillan, 1967),页 99。

5. 《威廉·考珀及其苦难》(William Cowper and His Affliction),载于《真理旌旗》(*The Banner of Truth*),总第 96 期,1971 年 9 月,页 28。

第 6 章　呼求上帝

1. 感谢安洁·苏(Andree Seu)指出这节经文。
2. C. S. 路易斯:《魔鬼家书》(*The Screwtape Letters*, New York: Macmillan,1977),页 39。

第 7 章　争战

1. 《威廉·考珀及其苦难》,载于《真理旌旗》,总第 96 期,1971 年 9 月,页 28。

第 9 章　目的

1. A. 加缪(A. Camus):《西西弗斯神话》(*The Myth of Sisyphus*, New York: Vintage,1955),页 10。
2. S. 尼克尔思(S. Nichols):《马丁·路德生平思想简介》(*Matin Luther: A Guided Tour of His Life and Thought*, Phillipsburg,N. J.: P & R,2002)。
3. 《威斯敏斯特小要理问答》(各网站有载)。

4. C. S. 路易斯:《魔鬼家书》,页 39。

第10章 忍耐

1. 安德鲁·所罗门:《忧郁解剖学》,载于《纽约客》,1998 年 1 月,页 61。
2. 钟马田(Martyn Lloyd-Jones):《灵性低潮》(*Spiritual Depression*, Grand Rapids: Eerdmans, 1990),页 21。

第12章 忧郁症的成因: 文化

1. 詹姆斯·布伊(James Buie):《唯"我"独尊世代,忧郁症激增》("Me" Decades Generate Depression),《美国心理学会月刊》(*APA Monitor*),1991 年 2 月,页 18。
2. 理查德·拉夫雷斯(Richard Lovelace):《更新》(*Renewal*, Downers Grove, Ill.: InterVarsity, 1985),页 86。
3. 布伊:《唯"我"独尊世代,忧郁症激增》,页 18。
4. 相关内容,参见大卫·埃尔金德(David Elkind):《萧瑟的童颜:揠苗助长的危机》(*The Hurried Child: Growing Up Too Fast Too Soon*, Reading, Mass.: Addison Wesley Longman, Inc., 1989)。
5. 例如,詹姆斯·佩蒂(James Petty):《按部就班》(*Step by Step*, Phillipsburg, N. J.: P & R, 1999)。

6. 布莱斯·帕斯卡(Blaise Pascal):《沉思录》136(*Pensees* 136), trans. by A. J. Krailsherimer (London: Penguin, 1966)。
7. 奥古斯丁(Augustine):《忏悔录》(*Confessions*, New York: Penguin, 1984),页 22。
8. C. S. 路易斯:《荣耀之重》("The Weight of Glory," in*The Weight of Glory and Other Addresses*, New York: Macmillan, 1980),页 7。

第 13 章 忧郁症的核心问题

1. 约翰·弥尔顿(John Milton):《失乐园》(*Paradise Lost*, New York, N. Y.: Penguin, 1968),1:249—55,54。
2. 司布真(Charles H. Spurgeon):《成圣后的悔改》(Repentance After Conversion),载于《大都会会幕讲坛》(*The Metropolitan Tabernacle Pulpit*,London: Banner of Truth, 1895),第 41 卷, 2419 号讲章。
3. 帕斯卡:《沉思录》,页 192。

第 14 章 揭开心帘

1. 大卫·鲍力生(David Powlison):《圣经对人类动机的基本概念》(*Basic Biblical Concepts of Human Motivation*),未出版文献。另见保罗·区普(Paul Tripp):《瞎眼得见:另眼看待资料收集》

(Opening blind eyes: Another look at data gathering),参见《圣经辅导期刊》(*Journal of Biblical Counseling*), 14:2(1996),页6—11。

2. E. R. 斯科格隆(E. R. Skoglund):《白昼暗夜》(*Bright Days, Dark Nights*, Grand Rapids: Baker,2000),页86—87。

第16章 怒气

1. 茱莉·索恩(Julia Thorne):《你不孤单》(*You Are Not Alone*, New York: Harper, 1993),页30。

第17章 希望破灭

1. 《威斯敏斯特小要理问答》第四问。

第20章 死亡

1. W. 胡梅、L. 胡梅:《与忧郁症鏖战》,页28。
2. 亚历山大·朱(Alexander Dru)编译:《克尔凯郭尔日记》(*The Journals of Kierkegaard, 1834 -1854*, London: Collins, 1958),页79—80。
3. 《海德堡要理问答》(*The Heidelberg Catechism*, Cleveland, Ohio: United Church Press, 1962),页9。

第21章　药物治疗

1. 罗伯特·杜如比(Robert J. DeRubeis)等:《重度忧郁症病人药物治疗与行为认知疗法比较:四个随机组的巨量分析比较》(Medications Versus Cognitive Behavior Therapy for Severely Depressed Outpatients: Mega-Analysis of Four Randomized Comparisons),载于《美国精神医学期刊》(*American Journal of Psychiatry*),总第156期,1999年,页1007—1013。

2. S. A. 布尔(S. A. Bull)等:《忧郁症患者对抗忧郁药物使用与换药综述》(Discontinuation of use and switching of antidepressant drug treatment in depressive disorders: a systematic review),载于《柳叶刀》(*Lancet*),总第361期,2003年,页635—661。

3. 由已知疾病所引发的忧郁症有别于第二章中所描述的感受。病人通常不会感到无望,没有自杀意图,也不会自我谴责。

4. S. 斯图尔特(S. Stuart)等:《产后忧郁症的预防与治疗》(The Prevention and Treatment of Post-partum Depression),载于《妇女心理卫生文献》(*Archives of Women's Mental Health*),第六卷,页57—69。

5. 大英电休克疗法审议团队(The UK ECT Review Group):《忧郁症采用电休克疗法的效用与安全性:有系统的检讨与研究结果汇编》(Efficacy and safety of electroconvulsive therapy in

depressive disorders: A systematic review and meta-analysis),载于《柳叶刀》,总第361期,2003年,页799—808。

第22章　致亲友

1. R. B. 吉斯乐、W. B. 斯旺(R. B. Giesler & W. B. Swann Jr.):《努力求证:忧郁症自我验证的角色》(Striving to Confirmation: The role of self-verification in depression),参见T. 乔伊纳、J. C. 科因(T. Joiner & J. C. Coyne)编辑的《忧郁本质的互动性》(*The Interactional Nature of Depression*, Washington, D. C.: The American Psychiatric Association, 1999),页189—218。
2. K. R. 杰米森(K. R. Jamison):《暗夜骤临:了解自杀》(*Night Falls Fast: Understanding Suicide*, New York: Knopf, 1999),页291。
3. 罗思・史泰隆(Rose Styron):《绳索》(Strands),参见尼尔・凯西(Nell Casey)编辑的《魔鬼:作家谈忧郁症》(*Unholy Ghost: Writers on Depression*, New York: HarperCollins, 2002),页137。

第24章　做好心理准备

1. H. W. 富乐思(H. W. Frost):《奇妙的医治》(*Miraculous Healing*, New York: R. Smith, 1931),页45—46。

2. 欧内斯特·戈登(Ernest Gordon):《桂河桥奇迹》(*Miracle on the River Kwai*, Wheaton, Ill.: Tyndale, 1984),页158、287。

第25章 人性与盼望

1. 尼古拉斯·伍斯特福(Nicholas Wolterstorff):《爱儿挽歌》(*Lament for a Son*, Grand Rapids: Eerdmans, 1987),页86。
2. 杰瑞·沃尔斯(Jerry L. Walls):《天堂:喜乐的理由》(*Heaven: The Logic of Eternal Joy*, New York: Oxford, 2002),页175。
3. 同上,页174。
4. 保罗·图尼耶(Paul Tournier):《罪与恩典》(*Guilt and Grace*, New York: Harper and Row, 1962),页107。
5. 于尔根·莫尔特曼(Jürgen Moltmann):《盼望神学》(*Theology of Hope*, New York: Harper and Row, 1967),页21。

第26章 感恩与喜乐

1. 罗伯特·所罗门(Robert C. Solomon):《热情:情感与生命的意义》(*The Passions: Emotions and the Meaning of Life*, Indianapolis: Hackett, 1993),页160。
2. 派翠西·史佩克(Patricia Spacks):《无聊心情的文学史》(*Boredom: A Literary History of a State of Mind*, Chicago: Univ. of Chicago, 1995),页229。

3. 同上，页252。

4. C. S. 路易斯：《惊悦》（*Surprise by Joy*, New York: Harcourt, Brace & Word, 1955），页220。

5. 奥古斯丁：《忏悔录》(New York: Pocket, 1952)，X，页178。

6. 约拿单·爱德华兹（Jonathan Edwanrds）：《宗教情感》（*Religious Affections*, New York: Yale Univ.，1959），页240。

图书在版编目(CIP)数据

走出死荫幽谷/(美)韦尔契(Welch，E.)著;关绣雯译.
—上海:上海三联书店，2022.12 重印
ISBN 978-7-5426-5473-1

Ⅰ.①走…　Ⅱ.①韦…　②关…　Ⅲ.①成功心理-通俗读物
Ⅳ.①B848.4-49

中国版本图书馆 CIP 数据核字(2016)第 015911 号

走出死荫幽谷
——忧郁症重生之歌

著　　者 / 爱德华·韦尔契
译　　者 / 关绣雯
特约编辑 / 黄允城
主持编辑 / 邱　红
责任编辑 / 董毓玭
装帧设计 / 周周设计局
监　　制 / 姚　军
责任校对 / 王凌霄

出版发行 / 上海三联书店
(200030)中国上海市漕溪北路 331 号 A 座 6 楼
邮　　箱 / sdxsanlian@sina.com
邮购电话 / 021-22895540
印　　刷 / 上海展强印刷有限公司

版　　次 / 2019 年 12 月第 1 版
印　　次 / 2022 年 12 月第 4 次印刷
开　　本 / 890×1240　1/32
字　　数 / 185 千字
印　　张 / 10.125
书　　号 / ISBN 978-7-5426-5473-1/B·467
定　　价 / 58.00 元

敬启读者，如发现本书有印装质量问题，请与印刷厂联系 021-66366565